浙江省软科学项目"浙江数字赋能'美丽乡村'文旅高质量发展研究"（2022C35004）、
浙江省教育厅项目"员工差序关系对家族企业凝聚力的影响及其化解策略研究"（Y202249642）成果

# 旅游企业员工
# 亲环境行为研究

郑羽蘅◎著

U0360125

上海交通大学出版社
SHANGHAI JIAO TONG UNIVERSITY PRESS

## 内容提要

本书基于调节焦点、资源保存、自我决定等社会心理学理论,研究了旅游企业环境责任落实所面临的现实问题和形成根源,论述了变革/交易型领导风格、建设性组织价值氛围与组织差序氛围对旅游企业员工亲环境行为的影响与作用机制,并由此提出若要提高旅游企业员工亲环境行为的积极性,应从优化领导风格与组织氛围等核心管理要素入手,建立起三者间良性且长效的影响与作用机制。

本书适合从事企业环境责任战略制定、旅游企业运营的管理人员与关注企业社会责任、员工亲环境行为相关研究的学者阅读。

**图书在版编目(CIP)数据**

旅游企业员工亲环境行为研究/ 郑羽菡著. —上海:
上海交通大学出版社,2022.11
ISBN 978-7-313-27954-5

Ⅰ. ①旅… Ⅱ. ①郑… Ⅲ. ①旅游企业—职工—行为
分析—研究 Ⅳ. ①F590.6

中国版本图书馆 CIP 数据核字(2022)第 226447 号

**旅游企业员工亲环境行为研究**
LVYOU QIYE YUANGONG QIN HUANJING XINGWEI YANJIU

著    者:郑羽菡
出版发行:上海交通大学出版社               地    址:上海市番禺路 951 号
邮政编码:200030                          电    话:021-64071208
印    制:上海万卷印刷股份有限公司          经    销:全国新华书店
开    本:710 mm×1000 mm   1/16
字    数:171 千字
版    次:2022 年 11 月第 1 版               印    张:11.5
书    号:ISBN 978-7-313-27954-5            印    次:2022 年 11 月第 1 次印刷
定    价:78.00 元

版权所有  侵权必究
告读者:如发现本书有印装质量问题请与印刷厂质量科联系
联系电话:021-56928178

# 前言

## Foreword

生态文明建设是经济社会实现科学发展的必然选择,生态环境是关系民生的重大社会问题。与石油、化工等重污染性行业相比,旅游业一直被誉为"无烟产业",在环境管理方面受到的关注相对较少。但事实上,旅游业已成为碳排放的大户且其快速的发展也已对自然环境造成了不可忽视的负面影响。作为自然资源的使用者和受益者,旅游企业理应为整个行业的可持续发展承担环境责任。员工是内部环境实践的实际执行者,其行为直接决定了企业内部环境责任管理的有效性。然而,环保制度难以纳入工作职责所导致的强制约束力缺失,以及高职业倦怠与流动率所带来的短视倾向等系列现实难题,都严重阻碍着我国旅游企业环保治理的提质增效。

基于调节焦点理论、资源保存理论、自我决定理论、社会信息加工理论与社会交换理论等视角,本书认为若要提高旅游企业员工对亲环境行为的积极性,应从优化领导风格与组织氛围等核心管理要素入手,建立起三者间良性且长效的影响与作用机制。本书共7章,第1章介绍了旅游企业员工亲环境行为的研究背景与研究目标。第2章基于对员工亲环境行为,企业领导风格,企业组织氛围的概念内涵、测量体系、影响因素和效能机制的系统回顾,选取了变革型、交易型领导风格,建设性组织价值氛围与组织差序氛围作为本书的重点关注对象。第3章阐述了本书所包含的三项研究的框架搭建及研究设计。第4章讨论了变革型、交易型领导风格对旅游企业员工亲环境行为的影响与作用机制。第5章纳入了建设性组织价值氛围,探讨了其与变革型、交易型领导风格一同对旅游企业员工亲环境行为的跨层次影响与作用机制。第 6 章针对组织差序氛围这一本土概念,讨论了其可能对旅游企业员工亲环境行为产生的影响与作用机理。第 7 章总结并提出了本书的主要观点、不足之处及未来的研究方向。

本书的撰写得到了多位学者与行业专家的指导与帮助,与他们的讨论给予我诸多深刻的启发。感谢香港理工大学高怡幸老师、李咪咪老师与华东师范大学党宁老师在本书的构思方面提出的诸多高屋建瓴性的指导意见。感谢浙江工业大学赵磊老师在研究设计与数据处理中给予的宝贵建议。感谢我所在单位的领导与同事在行业调研过程中提供的企业对接与调研方面的协助。感谢杭州市文化广电旅游局、衢州市文化广电旅游局、义乌市文化和广电旅游体育局、开元集团、洲际集团、凯悦集团等 60 多家单位在行业咨询和数据收集方面的鼎力相助。感谢我的学生洪若男在问卷数据录入与整理中付出的大量精力。当然,也要感谢我的家人与孩子们在生活与精神上给予的莫大支持,没有他们的理解与支持,我无法按时完成本书写作。

员工亲环境行为在我国旅游企业领域的探讨是一项颇具挑战的新兴研究议题,在为我国旅游企业产生新的竞争性资源的同时,也为社会的可持续发展提供了源动力。本书基于我国旅游企业情境,对影响员工亲环境行为的诸多企业领导风格、组织氛围中的关键影响因素与作用机制进行了初步的探讨,后续研究可考虑对双元型领导、悖论式领导等基于不确定环境所提出的新型领导风格,及员工关系与组织灵活氛围维度中涉及的创新氛围、变革氛围、去中心化感知等维度开展进一步挖掘。

郑羽蒨

2022 年 6 月

# 目 录

Contents

# 第1章
# 绪　论

## 1.1　本书背景

### 1.1.1　现实背景

2020年9月,我国向世界宣布,二氧化碳排放力争于2030年前达到峰值,争取在2060年前实现"碳中和"。《中华人民共和国国民经济和社会发展第十四个五年规划和2035年远景目标纲要》将单位国内生产总值能源消耗和二氧化碳排放分别降低13.5%、18.0%列为"十四五"时期经济社会发展主要目标(金淮,2021)。与石油、化工等重污染性行业相比,旅游业一直被誉为"无烟产业",在环境管理方面受到的关注相对较少。但事实上,旅游业已成为碳排放的大户且其快速的发展已经对自然环境造成了不可忽视的负面影响(黎耀奇,傅慧,2014)。作为自然资源的使用者和受益者,旅游企业理应积极响应国家"双碳"目标,推动全行业的绿色低碳转型和高质量发展(李玲,2016;金淮,2021)。

积极的环境管理实践是企业落实供给侧结构性改革的重要抓手,而环境管理又可分为环境政策和环境实践两个方面。其中,环境政策指的是企业关于环境行为的意向和原则性的整体声明,它为企业环境管理目标的设定及其实际行动提供了一个框架(Ramus,Montiel,2005)。环境实践则是企业执行环境政策的实际行动,旅游企业最早开展的环境实践是外部顾客环境教育项目(朱梅,汪德根,2019)。如携程旅游集团从2008年开始推行的"碳补偿"计划就属于该范畴,该项目以积分兑换树苗,以鼓励消费者在旅游过程中开展低碳行为。又如海昌旅游集团的极地环保宣传也是具有影响力的外部导向环境实践,其通过"极地科普大讲堂""企鹅的感动"等系列公益活动,向消费者传播极地科普知识,呼吁消费者关注并保护极地动物。与之相对,内部环境实践则面向企业生产过程的内部利益相关者,关注企业内部的能源转型、装备升级、绿色采购等问题(龚金红,杨珍珍,谢礼珊,2014)。就旅游领域来看,典型的内部环境实践包括旅游景区、度假区能源的电气化、清洁化、零碳化与酒店企业的绿色采购和无纸化智慧办公,等等。

员工是内部环境实践的实际执行者,其行为直接决定了企业环境责任管理的有效性(侯楠,彭坚,杨皎平,2019)。然而,从现实情况来看,我国旅游企业在员工亲环境行为管理方面存在着不小的现实挑战。一方面,虽目前各大旅游集团均制定了系统的环境责任战略,这些相关政策极少纳入员工工作职责,或直接与员工考核或晋升挂钩。因此,员工对环保责任行为普遍采取的是不违反的应对策略。另一方面,旅游企业员工直接面对客户,高强度的情绪劳动导致情绪耗竭及高流动现象频发(李新田,彭鹏,2018)。因此,他们在开展各项行为时多从短期利益视角出发,缺乏对环境责任等长期发展战略的深入思考(Harris,Li,Kirkman,2014)。当前,我国旅游企业多以企业社会责任与绿色人力资源的倡导、宣贯与培训作为内部环境实践开展的主要手段。然而,实践却开始表明这些已有措施虽需花费大量的时间与经济成本,却难以对员工长期的亲环境行为起到显著的提升作用。基于此,实践管理者和学者开始转变思路,提出应从领导者、组织氛围等核心企业管理要素入手,探寻对员工亲环境行为有着更为深层次影响的因素(Wood,Eid,Agag,2021;Xing,Starik,2017)。

## 1.1.2 理论背景

员工亲环境行为,指的是组织中员工实施的有助于环境可持续性或员工自愿展现的一系列保护生态环境的行为(Ones,Dilchert,2012),其对企业高效开展与落实内部环境责任实践具有重要的现实意义。作为组织的资源配置者与权力掌控者,领导者对员工亲环境行为影响的研究一直是本研究领域的重要议题与热点。基于多种理论视角,已有研究考察了变革型领导(Robertson，Barling，2013；Wang，Zhou，Liu，2018)、交易型领导(Graves，Sarkis，Gold，2019)、责任型领导(He，Morrison，Zhang，2021；Yang，2019；Zhang，Ul-Durar，Akhtar，Zhang，2021)、精神型领导(Afsar，Badir，Kiani，2016)、服务型领导(Ying，Faraz，Ahmed，et al.，2020)对员工亲环境行为的影响，积累了诸多富有价值的研究成果，如Wang，Zhou，Liu(2018)和Azhar，Yang(2021)开展的对变革型领导与员工亲环境行为间正相关性的实证检验研究。He，Morrison，Zhang(2021)提出责任型领导会通过与企业社会责任、绿色人力资源实践产生交互影响，最终对员工亲环境行为产生正向作用。又如Xing，Starik(2017)基于我国文化情境指出的"道家式"领导会通过可持续发展观的传达，显著促进员工的环境责任态度和实际亲环境行为等。

另外，值得关注的是当前组织公民行为研究正经历着由个体向跨层次视角转变的关键阶段(Cohen，Keren，2010；Teng，Lu，Huang et al.，2020)。作为组织公民行为的一项重要子维度，学界也开始呼吁将员工亲环境行为的研究拓展至跨层次的视角(Kim，Han，Jackson，et al.，2017)。由此，已有研究中开始涌现少部分对组织内部"小生态圈"影响员工亲环境行为的研究。其中，绿色心理氛围是最常被提及能显著预测员工亲环境行为开展的组织层次变量之一(Zhang，Ul-Durar，Akhtar，et al.，2021；潘持春，黄菲雨，2021)。由此可见，关于领导风格与员工亲环境行为关系的探讨已较为成熟，而将组织氛围一并纳入的整合性研究虽已引起了学术界的重视，但相关成果还是较为匮乏。

聚焦到旅游领域，随着一系列国家战略的加速实施，如何落实与提升员工亲环境行为积极性的研究开始受到旅游学者的关注(Chan，Hsu，2016；Peng，Lee，2019；Rezapouraghdam，Alipour，Darvishmotevali，2018；Zientara，Zamojska，2018)。然而，该领域中已积累的相关研究还非常匮乏。Fatoki(2019)是最早对该议题进行探讨的学者之一，他基于南非酒店的实证调研指出领导风格会对员工是否采取亲环境行为起到关键的影响作用，但关于"到底是何种领导风格""如何影响"等关键问题却尚未涉及。接着，Kim，Mcginley，Choi，et al.(2020)发现了变革型领导与酒店企业员工亲环境行为间的正向影响,但遗憾的是该项研究也并没有深入探讨两者间的作用机制。最近的一项研究是 Wood,Eid,Agag(2021)针对责任型领导与酒店企业员工亲环境行为间关系的分析,他们的研究不仅拥有丰富的数据支撑,同时也对责任型领导影响员工亲环境行为的作用机制进行了深入剖析。该项研究结论表明责任型领导会在酒店企业社会责任的协同影响下通过员工的组织信任感、主观幸福感对员工亲环境行为产生积极的作用。由此可见,员工亲环境行为在旅游领域的应用是近几年的新兴议题,在其深度与广度方面还存在着较大的提升空间。

## 1.2 问题的提出与研究目标

### 1.2.1 问题的提出

变革型与交易型领导因其具有较高的广谱性(Bass,Avolio,1989),在领导力理论中受到广泛的关注。与此同时,这两类领导风格也被证实是员工组织公民行为的重要预测因子(Nahum-Shani,Somech,2011;Zacher,Jimmieson,2013)。当前,许多学者都提出变革型领导所包含的理想化影响、鼓舞人心动机、智力刺激和个性化考虑四大维度会对员工亲环境行为产生正向影响(Robertson,Barling,2013;Wang,Zhou,Liu,2018)。然而,交易型领导与员工亲环境行为间的关系尚存在争议,部分学者认为交易型领导所奉行的权变奖酬和例外管理原则是较低层次的需求,与员工亲环境行为这一利他行为显然不具备关联性(赵红丹,江苇,2018)。然而,从我国企业的实际情况看,交易型领导是我国企业较多采用的一种领导方式,且已被证实在相对制度化、强调加强和利用现有知识类型组织中是一种有效管理手段,对提升员工及组织绩效有着重要的积极意义(尹奎,张凯丽,赵景,等,2021)。因而,笔者认为厘清其与员工亲环境行为间的关系具有重要实践意义。

组织氛围是员工对组织环境的主观知觉,能显著预测员工组织公民行为的开展(Teng,Lu,Huang,et al.,2020)。学界将其划分为一般组织氛围与特定组织氛围两类,前者关注宽泛的组织整体属性(段锦云,王娟娟,朱月龙,2014);后者则与结果具有更强的关联性,有着显著的指向性(Ehrhart,Schneider,Macey,2014)。如前所述,针对组织氛围对员工亲环境行为影响的研究主要围绕绿色心理氛围这一特定组织氛围开展(Zhang,Ul-Durar,Akhtar,et al.,2021;潘持春、黄菲雨,2021),相关结论虽也能为旅游企业管理者提供一定借鉴指导,但忽略了一般组织氛围是特定组织氛围起效的关键和现实基础,且其对员工也同样具有不可小觑的影响效力这一事实(Ehrhart,Schneider,Macey,2014)。建设性组织价值氛围是Marinova 等人于 2019 年提出的一般组织氛围概念,其包括员工关系、组织灵活、市场导向与内部流程四大维度(Marinova,Cao,Park,et al.,2019),因其充分关注企业组织氛围中独立与整合、矛盾与统一的并存,笔者认为该概念的引入可以起到更为全面地理解组织氛围影响员工亲环境行为作用机制的积极作用,并有助于我们进一步识别除绿色心理氛围外的关键特定组织氛围影响因素。基于对组织建设性价值氛围研究结论的深入探讨,本书引入组织差序氛围这一本土化的特定组织氛围,虽已被证实其在我国企业中广泛存在,但对员工亲环境行为带来的究竟是促进抑或阻滞作用在已有研究中尚未涉及。与此同时,对其的关注也能起到对建设性组织氛围中员工关系维度的本土化补充与解释作用。基于以上分析,提出本书期望达成的三项研究目标:

第一,在我国旅游企业中,变革型、交易型领导的下属在工作中是否会采取不同的亲环境行为策略,产生该现象的机制是怎样的?

第二,我国旅游企业中存在的惯常性组织氛围是否会对员工亲环境行为产生重要影响?是否存在除绿色心理氛围外的特定组织氛围对员工亲环境行为产生关键影响,是否有本土的影响因素?

第三,我国旅游企业员工的亲环境行为是否有其独特的行业特征?因高强度情绪劳动所引发的情绪耗竭是否会对员工亲环境行为产生影响?对此旅游企业的管理者该如何进行有效管理及引导?

## 1.2.2 研究目标

本书包含的研究目标有以下三项:

第一,明确变革型领导、交易型领导对员工亲环境行为的影响与作用机制;

第二,探寻建设性组织价值氛围在变革型领导、交易型领导与员工亲环境行为关系上的影响与作用机制;

第三,厘清组织差序氛围在变革型领导、交易型领导与员工亲环境行为关系上的影响与作用机制。

## 1.3 研究意义

### 1.3.1 理论意义

领导风格与组织氛围作为两项核心的组织情境因素,相较于其他物质及经济变量,在组织中对员工行为有着关键性的影响作用。本书涌现出以下三项主要的理论意义。

一是采集我国旅游企业一线及基层管理人员的调查数据,将工作调节焦点与情绪耗竭同时纳入作为中介因素,构建变革型、交易型领导对我国旅游企业员工亲环境行为产生影响的作用机制模型,深化员工亲环境行为理论在旅游企业中的应用。

二是分两阶段采集我国旅游企业领导—员工的配对调查数据,构建建设性组织价值氛围对变革型、交易型领导与员工亲环境行为关系产生影响的跨层次作用机制模型。在推动员工亲环境行为的理论研究框架从单一个体向跨层次拓展的同时,也促进了学界对组织氛围影响员工亲环境行为的全面理解。

三是同样运用两阶段的领导—员工配对调查数据,构建组织差序氛围对变革型、交易型领导与员工亲环境行为关系产生影响的跨层次作用机制模型,为本土化管理理论的发展提供坚实的基础。

### 1.3.2 实践意义

除以上所阐述的理论意义之外,本书在推动我国旅游企业内部环境责任管理方面也具有以下三方面实践意义。

一是明晰了领导者有效疏导旅游企业员工情绪耗竭的可行路径。目前,旅游企业员工普遍存在高压力、工作倦怠及流动率高的人力资源困境,人才流失已成为制约我国旅游业高质量发展的核心因素。本书关于变革型、交易型领导风格影响旅游企业员工情绪耗竭问题的探讨,能为缓解我国旅游企业员工高职业倦态、高离职率困境提供新颖思路。

二是总结了建设性组织价值、员工关系与组织灵活氛围促进我国企业内部环境责任实践绩效提升的有益经验,该结论能让我国旅游企业以惯常性组织氛围建设为抓手,为提升内部环境责任给出有益的实践指导。

三是提出了我国企业"偏心管理"消极影响内部环境实践的本土管理问题。已有文献对组织差序氛围对员工亲环境行为的影响究竟为正效应还是负效应还存在一定分歧。本书指出,组织差序氛围负向影响员工亲环境行为,该结论的提出能为企业反思与审视内部环境实践项目低效的根源提供本土思考。

# 1.4 相关概念界定

企业环境实践:企业为了减少、消除,甚至是防止企业经营对环境造成消极影响所实施的各种实践和程序(Alexander,2013)。

员工亲环境行为:组织中员工实施的有助于环境可持续性的行为或员工自愿展现的一系列保护生态环境的行为(Ones,Dilchert,2012)。

领导风格:领导者在活动中表现出来的比较固定的和经常使用的行为方式方法的总和,在领导科学理论中对领导风格的研究是学界关注的重点(苗贵安,2019)。

变革型领导:通过让员工意识到所承担任务的重要意义,激发下属的高层次需要,建立互相信任的氛围,促使下属为了组织的利益牺牲自己的利益,并达到超过原定期望结果的领导风格(Bass,1985)。

交易型领导:带有强烈的目的性,为了目标的实现,明晰工作奖赏报酬,对不合乎标准的进行处罚的领导风格(Burns,1978)。

工作调节焦点:调节焦点理论认为,人们追求的期望终极状态不同,实现目标的方式也不一样(Higgins,1997)。工作调节焦点是由环境和任务框架的信息线索诱发的一种个体情境性焦点(Neubert,Kacmar,Carlson,et al.,2008)。

情绪耗竭:个体在承受高强度压力后所产生的情绪资源耗尽的心理表征(Freudenberger,1974)。

组织差序氛围:团队各成员围绕团队资源掌控者(通常是团队领导)所形成的关系疏密的差异程度(刘军,章凯,仲理峰,2009)。

建设性价值氛围:高宗族、高活力和高市场文化与适中的层级文化的集合,是竞争价值框架模型中四类文化类型的最优水平与各项目竞争所达到的最佳状态(Marinova,Cao,Park,2019)。

心理授权:个人对工作意义、能力,自我决定和影响方面的授权潜力的感知(Spreitzer,1995)。

内部人身份感知:员工对自身被组织当作自己人的感知程度,体现出员工与组织关系的亲近和信赖程度(Stamper,Masterson,2002)。

# 第2章
# 文献综述

## 2.1 员工亲环境行为研究进展

### 2.1.1 员工亲环境行为的内涵

员工亲环境行为概念源于员工组织公民行为与个体亲环境行为。员工组织公民行为是指员工自由决定的、不被正式奖励系统直接或明确认可的个人行为,这些行为能起到促进组织有效运作的积极作用(Bies,1989)。举例来说,员工在完成自身工作后,自愿地帮助公司同事从而实现公司绩效提升的行为就是组织公民行为的一种形式(Podsakoff,Podsakoff,Mackenzie,et al.,2014)。由此可见,员工组织公民行为所包含的范围非常广泛,任何员工自愿开展的有利于组织发展的行为都可以归属于组织公民行为范畴。而个体亲环境行为的概念则是在 20 世纪后期提出的,指的是个体展开的一系列意在保护生态环境、降低个人活动对自然环境负面影响的行为(Unsworth,Dmitrieva,Adriasola,2013),这类活动既包括个体在生活中购买高价但对环境零负担的洗衣液、使用可循环利用的环保布袋这些生活场景中的行为,也包括个体在办公室内使用双面打印等工作情境中行为。

已有文献对员工亲环境行为的定义,大多认同 Ones,Dilchert(2012)所提出的"组织中员工实施的有助于环境可持续性的行为或员工自愿展现的一系列保护生态环境的行为"这一概念。虽然 Paillé,Boiral,Chen(2013)等众多学者,随后也给出了员工亲环境行为的相关定义,但总体而言这些内涵较为一致,因此本部分不再赘述。本书认为员工亲环境行为是员工组织公民行为与个体亲环境行为的交集部分,如图 2-1 所示。

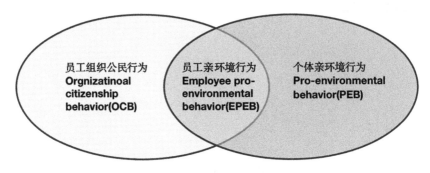

图 2-1  员工亲环境行为的内涵

### 2.1.2  员工亲环境行为的测量体系

已有员工亲环境行为的测量体系可分为单维测量与多维测量两大派别。

单维测量模型依据亲环境行为的定义,挖掘员工在组织中展现的具有典型性、代表性的亲环境行为,进而形成相应的测量条目。例如 Robertson,Barling(2013)开发的 7 条目员工亲环境行为量表和 Graves,Sarkis,Zhu (2013)的 13 条目的测度,这类型的量表包括具体的员工亲环境行为和少部分抽象的绿色实施意愿的测项,如"在允许的情况下,我会双面打印""在不需要的情况下,我会关掉办公室的灯""我试图学习更多的绿色知识"等。

多维测量模型则基于不同视角对员工亲环境行为的构成进行了较为细致的划分,多基于任务绩效与主动行为的维度划分进行具体的题项开发。例如 Bissing-Olson,Iyer,Fielding, et al. (2013)的任务型和主动型亲环境行为量表;Dumont,Shen,Deng(2017)的角色内与角色外亲环境行为量表等。

### 2.1.3  员工亲环境行为的前因变量与影响机制

鉴于员工亲环境行为的重要性,学者们围绕着其前因变量及影响机制展开了深入探讨。为了系统回顾员工亲环境行为的相关理论发展脉络,本书在 Web of Science 的数据库中以"employee green behavior""employee pro-environmental behavior"为关键词,以 2001—2021 年为时间区间进行检索,共获得 403 篇文献,具体年份出版的文献数量信息如图 2-2 所示。结果显示,自 2015 年以后,员工亲环境行为逐渐成为一个研究热点,与其相关的研究整体呈现递增的趋势(数据截至 2021 年 12 月 31 日)。

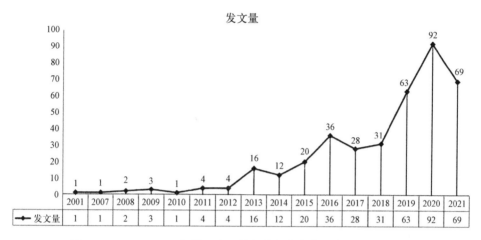

发文量

| | 2001 | 2007 | 2008 | 2009 | 2010 | 2011 | 2012 | 2013 | 2014 | 2015 | 2016 | 2017 | 2018 | 2019 | 2020 | 2021 |
|---|---|---|---|---|---|---|---|---|---|---|---|---|---|---|---|---|
| 发文量 | 1 | 1 | 2 | 3 | 1 | 4 | 4 | 16 | 12 | 20 | 36 | 28 | 31 | 63 | 92 | 69 |

**图 2-2　2001—2021 年员工亲环境行为相关检索所获文献数量汇总**

员工亲环境行为的主要前因变量可分为个体因素和情境因素两大类别。员工个体因素研究又可具体细分为个体的固有特质及易变特质,如 Kim,Kim,Han,et al.(2017)的研究指出大五人格特质中的责任心维度会显著促进员工亲环境行为,也就是我们通常描述的"自我责任心强的员工更愿意实施亲环境行为"。除了大五人格这类个体固有的长期特质,道德规范(Aziz,Rami,Zaremohazzabieh,et al.,2021)、绿色态度(Tian,Robertson,2017)、价值观(Kim,Kim,Han,et al.,2017)和主观幸福感(Kim,Kim,Han,et al.,2018)等一系列易变特质也在多项研究中被证实会对员工亲环境行为起到关键影响。除了以上提及的易变特质,工作情绪也被证实会对员工亲环境行为产生显著的影响。例如 Wang,Wang,Ru,et al.(2019)的研究表明了员工的情绪与亲环境行为之间存在显著的相关性。Russell,Ashkanasy(2010)进而提出工作中所衍生的生气、害怕、悲伤等负向情绪与希望、喜悦、满足、信心等正向情绪会对员工亲环境行为产生不同的影响效用。Bissing-Olson，Iyer，Fielding，et al.（2013）则对员工每日的情绪与亲环境行为间的关系进行了探索。该项研究表明未激活积极情绪（个体感受到的满意、休闲和放松的感觉）会最大限度地激发员工以亲环境方式完成自己的工作，而已激活的积极情绪（例如，兴奋、愉悦和激情）则与员工亲环境行为不相关。

绿色人力资源管理实践（GHRM）、企业社会责任（CSR）与领导行为是情境因素激发员工亲环境行为的热门研究话题。基于目前旅游企业中普遍开展的绿色人力资源管理实践，学者运用相异的研究方法，以不同国家作为样本进行多来源验证，为 GHRM 与员工亲环境行为之间的正向促进作用提供扎实的理论支持，更为如何推进 GHRM 促进员工亲环境行为提供了一系列可操作的指导建议（Dumont，Shen，Deng，2017；Sabokro，Masud，Kayedian，2021）。在这些研究中，绿色心理氛围（Dumont，Shen，Deng，2017）、组织认同（Chaudhary，2020）、绿色支持氛围（Amrutha，Geetha，2021）、企业社会责任均被证实在 GHRM 与员工亲环境行为间起到显著的中介作用。与此同时，CSR 也被认为能起到正向促进员工亲环境行为的作用。如 Tian，Robertson（2017）的研究表明，当员工认为公司对社会和环境是负责的，就会更积极实施亲环境行为。Afsar，Cheema，Javed（2018）的研究也发现，员工的 CSR 感知会通过组织认同对员工亲环境行为产生直接和间接的影响。

领导者作为组织或团队的代理人，控制着员工所需要的信息以及职业发展所需要的支持，通过与员工之间的经济、情感交换，全面塑造着员工的行为（毛忞歆，2009）。因此，在已有研究中领导行为如何促进员工亲环境行为的研究数量颇为可观，研究结论也具有相当深度，相关研究可以分为三大类。

一是领导风格相关研究。部分领导风格被证实能对员工环境行为起到显著的正向影响，包括变革型领导（Robertson，Barling，2013；Wang，Zhou，Liu，2018）、交易型领导（Graves，Sarkis，Gold，2019）、责任型领导（He，Morrison，Zhang，2021；Yang，2019；Zhang，Ul-Durar，Akhtar，et al.，2021）、精神型领导（Afsar，Badir，Kiani，2016）、服务型领导（Ying，Faraz，Ahmed，et al.，2020）。除了这些基于西方领导风格理论所提出的

领导风格,Xing,Starik(2017)指出"道家式"领导因能赋予员工一系列与可持续发展观相关的道家哲学微观基础,会显著正向促进员工的亲环境行为。除了以上直接效应的研究,部分学者也开始关注领导风格通过组织内部的"小生态圈"对员工亲环境行为产生作用。汤敏慧、彭坚(2019)的研究发现,绿色变革型领导与团队亲环境行为呈正相关,团队集体主义氛围在两者间起到了显著的中介作用。但遗憾的是,该项研究是以团队亲环境行为作为结果变量,并未再检验团队亲环境行为与员工亲环境行为之间的关联性。Zhang,Ul-Durar,Akhtar,et al.(2021)的研究则提到了绿色心理氛围团队层面的中介变量,并证实了绿色心理氛围对员工个体亲环境行为会起到显著的积极影响。潘持春、黄菲雨(2021)也验证了绿色心理氛围在责任型领导与员工亲环境行为之间的中介作用,并指出环境心理控制源是该影响的边界条件。

二是领导的亲环境行为。领导者所处的地位和权力,使其成为员工工作中的重要参照,构成下属采取适当行为的重要信息来源(Mayer,Nishii,Schneider,et al.,2007)。基于此,部分研究指出当员工观察到领导特定的亲环境行为模式时,会产生想要融入的想法,从而积极参与亲环境行为(Carnevale,Huang,Crede,et al.,2017)。因此,观察领导的亲环境行为会直接或间接地影响员工的亲环境行为(Kidwell,1997)。

三是领导的态度。已有研究同时指出领导者对环境责任的态度也会直接影响下属的亲环境行为。例如 Marshall,Cordano,Silverman(2005)的研究就发现,酒庄管理者对土地使用的环保态度会显著影响员工的亲环境行为。但这类研究与领导者行为研究具有一定的相似性,目前学界对这类研究并未重点关注。

## 2.2　旅游企业员工亲环境行为研究进展

### 2.2.1　旅游企业员工亲环境行为研究的缘起

随着低碳旅游概念的兴起,越来越多的旅游企业将绿色环保作为其运营战略的重要组成部分,试图通过绿色实践树立自身的品牌形象。国外旅游企业的环保实践起步较早,例如,希尔顿环境计划便要求集团旗下所有的酒店每个月对环境保护的数据进行报告,并已实现实时监测房间用水、用电、食品消耗和预订的客房数量,力求降低能耗(Hart,Dowell,2011)。在我国,旅游企业环境实践也在近些年愈发受到各个层面的关注:一方面,政府相关部门也对旅游企业的经营模式提出了新的要求;另一方面,消费者更为关注旅游企业在经营活动中对自然环境产生的影响,并且倾向于为从事亲环境营销活动的旅游企业贴上绿色标签。因此,基于相关政策法规的约束以及对环境实践相关工作可以转化成企业可持续竞争优势的市场研判,我国多数旅游企业已将环境实践纳入其经营战略,并制定了相应的制度与措施,致力于提高企业的环境绩效,以此获得更高的客户满意度、市场份额和投资回报率(见表2-1)。

表2-1 我国部分旅游企业环境管理实践项目

| 企　业 | 环境责任实践项目 |
| --- | --- |
| 中国旅游集团 | 坚守绿色发展理念,成立节能减排领导小组;开展环保公益,提升全员环保意识,助力环境保护与低碳生活;提倡低碳旅游、绿色酒店,保护景区自然、人文景观,发展循环经济 |
| 华侨城集团 | 秉持"生态环保大于天"的理念,绿色运营,更新老旧设备,使废品率下降50%;改良灌溉技术,节水30%;利用太阳能设备,采用低耗能 LED 光源;绿色施工、绿色建筑、绿色物业、绿色办公;践行零废弃项目,助力建设美丽中国 |
| 凯撒集团 | 绿色办公,坚持可持续发展理念,节能减排;提倡无纸化办公,设置员工餐厅以减少外卖包装带来环境污染;发起"可持续旅行联盟",践行与自然和谐共生、守护野生动植物的理念,携手社会各界,遏制野生动植物非法贸易,倡导减少塑料垃圾,减少食物浪费,实现旅游业可持续发展 |
| 携程集团 | 推出"低碳旅行,共植携程林"活动。倡导"在旅行中把对生态环境的影响降到最低,做负责任的旅行者";绿色出行,减少酒店一次性用品浪费,减轻旅行负面影响;捐赠丽江"携程林"助力丽江恢复旅游生态平衡 |
| 杭州锦江集团 | 新建与改建酒店加强绿色节能环保要求,降低对环境影响,积极采取节能措施;采纳锅炉油改气、LED 照明、地缘热泵和空气源技术、余热回收等节能项目。调节酒店水箱水位控制阀,减少自来水耗用;倡导绿色消费,酒店不主动提供一次性用品;淘汰排放不达标车辆,采用新能源汽车。打造绿色产业链,实行垃圾分类,无纸化办公 |

| 企　业 | 环境责任实践项目 |
| --- | --- |
| 华住集团 | 积极响应垃圾分类,践行环保理念;使用环保材料、空气治理方面专项技术,升级健康、低碳酒店产品;优化酒店建筑能源结构和利用效率,助力"碳中和"目标达成 |
| 浙旅投集团 | 强化责任落实,确立节能减排工作目标;实施节能技改,通过技术升级实现降低能耗,设备低排低放;优化运营模式,全面应用"全程无忧"车辆管理系统,运用 GPS 实时追踪,降低油耗 |
| 开元酒店集团 | 运行"还木开元"环保计划,涉及环保设计、节能、减排、水资源保护领域;使用可降解材料客房消耗品,水资源保护及能源管理计划,创建并运营可持续发展酒店 |

### 2.2.2　旅游企业员工亲环境行为的测量体系

旅游企业员工亲环境行为常见的测量量表有 Bissing-Olson, Iyer, Fielding, et al. (2013)的 6 项评价题项,相关问项有"今天,我以环保的方式完成了分配的任务""今天,我以环保的方式履行了工作职责""今天,我能够以环保的方式实现团队对我的期望"等;De Roeck, Farooq, Schaveling, et al. (2017)的 3 项目量表,包括"今天,我以环保的方式完成了规定的职责""今天,我以环保的方式完成了组织对我的期望"和"今天,我履行了环保方面的职责";Boiral, Paillé (2012)的 10 项题项表,如"工作之前,我会权衡我的行为对环境造成的影响""在日常工作中,我自愿采取环保的方式"等。这些量表在旅游企业中的应用已被验证具有较高的信度和效度。

### 2.2.3　旅游企业员工亲环境行为的影响因素

在旅游企业员工亲环境行为前因变量相关研究方面,员工的绿色态度、意识和价值观等受到学者的关注。旅游企业员工亲环境行为相关研究,代表性的如 Chan, Hon, Chan, et al. (2014)的研究,该项研究对香港酒店员工亲环境行为的前因变量进行深入探讨后,提出环境知识、环境意识以及环境关注会对酒店员工是否采取亲环境行为产生显著的影响。同样基于酒店领域,Zientara,Zamojska(2018)指出对于员工亲环境行为而言,员工情感性组织承诺是一项非常重要的因素,其对员工亲环境行为起到显著的正向影响作用。另外,Okumus,Koseoglu,Chan,et al.（2019）也通过对497名酒店员工的现场调研,证实了酒店员工的环境态度是影响其采取亲环境行为的主要原因。

在情境因素方面,GHRM,CSR和领导行为也被证实会对旅游企业员工亲环境行为产生显著影响。Xiang,Yang(2020)通过酒店一线员工的实证问卷采集,指出现有酒店的GHRM措施包括绿色招聘、绿色培训、绿色绩效管理、绿色奖励和绿色参与五大维度,且基于这些维度所开展的各项环境责任项目都会增强一线员工的组织认同感。相同的研究结论在Ababneh(2021)的研究中也得到了证实,不同的是该项研究基于经典的个人—组织匹配理论识别了员工敬业度的中介作用以及责任心、积极情感和积极主动性三项人格特质在两者之间的调节作用。Zhao,Zhou(2021)基于对上海某连锁酒店集团的实证研究,验证了GHRM对员工亲环境行为产生的积极影响,并提出道德反思是两者间重要的中介变量。在CSR方面,Su,Swanson(2019)通过对长沙8家酒店进行实地调研后,指出CSR与员工亲环境行为之间的存在正相关联系。酒店企业对CSR的积极实践能起到巩固公司—员工认同与信任感的作用。Ahmed,Zehou,Raza,et al.（2020）也通过现场调研的方法,探讨了CSR和环保意识、环保关注、环境指示这三大个体因素对员工福祉和亲环境行为的协同作用。然而,令人遗憾的是,在领导风格对旅游企业员工亲环境行为的影响方面,已有文献仅有两项积累。一项是Kim,Mcginley,Choi,et al.（2020）开展的变革型领导对旅游企业员工亲环境行为影响的探讨。该项研究较为简单,仅是利用现场调研所得的数据对两者之间存在的正向关联进行了实证验证。另一项则探讨了责任性领导如何在CSR的协同影响下通过员工的组织信任感、主观幸福感和责任感对员工亲环境行为产生影响（Wood,Eid,Agag,2021）。由此可见,旅游企业员工的亲环境行为虽是近些年学界关注的热点话题,但仍较为"年轻",成果积累尚不丰富,且多是以酒店企业为对象开展的研究。

## 2.2.4 旅游企业情绪耗竭与员工亲环境行为

服务业要求高频率的人际接触,并一再强调"顾客是上帝"的理念,期望能够提高顾客满意度来增强其重游或再次购买,进而提高企业的绩效。这些观念与做法导致消费者与服务人员之间从最初的接触开始便占据了不公平的地位,使旅游企业的工作涉及高强度的情绪劳动(汪京强,冯萍,刑宁宁,等,2021)。因情绪劳动所采用的情绪策略并非其真实情绪的表达,长时间、高强度的情绪劳动会带来员工情绪耗竭(张莉,林与川,张林,2013)。情绪耗竭描述的便是个体在承受高强度压力后所产生的情绪资源耗尽的心理表征(Freudenberger,1974)。除了情绪劳动,工作压力、领导风格和社会支持等因素也证实能够显著影响员工情绪耗竭的产生。在工作压力方面,已有研究指出角色压力(Leiter,Maslach,1988)、工作—家庭冲突(Boles,Johonston,Hair,1997)和组织间人际关系冲突(Anasori,Bayighomog,Tanova,2020)都是导致员工情绪耗竭的直接因素。在领导风格方面,已有研究则指出变革型领导、服务型领导等对员工关怀、鼓励与引导的正向作用能缓解员工情绪耗竭现象。而专制型领导倾向于表达苛责、专权的领导风格,对员工的情绪耗竭存在加剧的作用(Malik,Sattar,2019)。与领导风格较为类似,社会支持指的是帮助个体释放压力和紧张的补偿性资源,这些资源可能来自工作场所的主管,也可能来自同事的支持(王红丽,张筌钧,2016)。这类因素对员工情绪耗竭的产生能起到"缓冲",即减轻的作用。另外,组织中存在的分配不公平、程序和互动不公平、缺乏组织与员工的互惠准则等也会造成员工的情绪耗竭(Cole,Bernerth,Walter,et al.,2010)。

关于情绪耗竭,当前学界一致认为其是一种破坏性的心理状态,会给组织带来负面的影响。已有研究表明,情绪耗竭会直接带来员工反生产、离职、缺勤等负向工作行为(Quattrochi-Tubin,Jones,Breedlove,1982;Wright,Cropanzano,1998)。另一方面,学者也进一步证实情绪耗竭会通过削弱组织承诺及工作满意度,间接对员工的各项工作表现产生消极的影响(Cropanzano,Rupp,Byrne,2003;Wolpin,Burke,Greenglass,1991)。进一步来说,情绪耗竭也被证实与公民组织行为下降密切相关(刘轩,包海兰,章建石,2006)。基于以上梳理,可以推断旅游企业员工卷入高强度的情绪劳动会导致情绪耗竭的发生,从而减少他们的组织行为。

## 2.3 变革型、交易型领导理论研究进展

### 2.3.1 变革型、交易型领导的内涵

1978 年,西方学者 Burns(1978)在其著作《领导者》中首先提出变革型领导的概念,指出变革型领导的显著特征,是领导者和成员之间建立起的并不是简单的利益交换,而是一种通过树立道德情操方面的榜样作用去激发成员内在的需求,号召个体通过实现自我的方式最终实现组织的各种任务目标的高层次互动的领导风格。基于 Burns(1978)对于变革型领导的概念性论述,Bass(1985)在其出版的《领导和超越期望的绩效》一书中对变革型领导进行了明确的定义,指出变革型领导通过让员工意识到所承担任务的重要意义,激发下属的高层次需要,建立互相信任的氛围,促使下属为了组织的利益牺牲自己的利益,并达到超过原定期望结果的领导风格。同时指出,变革型领导具有临危不乱的冷静及耐心等具体特征,并能在处理棘手难题时运用恰当的幽默感。进入 20 世纪 90 年代,有关变革型领导的研究逐渐成为现代领导理论研究的关注重点,占据着领导研究的中心地位。Avolio(1994)也对变革型领导进行了进一步的研究,指出变革型领导通过情感方面的感染力去带动员工形成积极的人生价值观,使员工愿意为了实现价值而努力工作,甚至是额外的付出,以最终促进组织创新与变革。Bass(1999)也进一步归纳指出,变革型领导者通过理想化影响、鼓舞性激励、智力激发和个性关怀四个维度促使员工关注长远利益,这一类型的领导不仅关注员工的成熟度和管理绩效水平的不断提升,并且关心员工的自我成就与实现,其更多的是通过激发员工内在动机促使其去追求个人绩效的不断提升以及保持与组织利益的高度一致。放眼我国,20 世纪 90 年代经历重要转型期,多数企业面临着来自内部组织变革和外部冲击的双重挑战。基于企业面临竞争的不断加剧,卢盛忠(1993)首次将变革型领导这一概念引

入我国学术研究中,并将其译为"改造型领导"。冯秋婷(2008)在《西方领导理论研究》一书中将变革型领导定义为改变和变革个体的过程。她指出,变革型领导关心的是价值观、社会准则、规范和长期目标等问题,包括评价追随者的动机、满足他们的需求,并视他们为完整的人。除此之外,李超平、时勘(2005)将变革型领导描述为通过领导者的个人魅力和行为特质来影响员工积极行为的领导风格。由此可见,无论在国外还是在国内,变革型领导的内涵及定义并没有很大的区别,基本都具有以下三类特征:超越了简单经济交换的诱因、集中关注较为长期的目标和引导员工为了自身的发展承担更多的工作职责(戚振江,张小林,2001)。

与变革型领导不同,交易型领导则指的是带有强烈的目的性,为了目标更好地实现,明晰工作奖赏报酬,对不合乎标准的进行处罚的领导风格(Burns,1978)。基于 Bass(1985)的理论,交易型领导注重结果、时间和效率,为了更好地达到预期的效果、回避风险,他们会把精力更多地放在对工作过程监控上,以获得更好的结果。由此,可以得出交易型领导的核心内涵是领导者和下属之间通过"以物换物"的原则进行交往和互动(Sergiovanni,1992),物质方面的奖赏是促进员工积极工作并完成任务目标的重要手段(Leithwood,1992)。与变革型领导相同,我国的学者对交易型领导也进行了有益的探索。陈文晶、时堪(2014)指出中国企业的交易型领导会在和员工交往的过程中,关注员工的具体需求,并通过明晰工作任务、职责和方向等来激发员工的工作动机。但总体而言,无论在国外还是国内,相较于变革型领导,交易型领导相关的研究成果均较为有限。

### 2.3.2 变革型、交易型领导的影响因素

已有研究表明,变革型、交易型领导的影响因素来自领导者自身、下属及组织环境等方面。从领导者自身来看,其性别、情绪智力和成长经历等都被证实会对领导风格的有效性产生显著的影响。对于变革型领导而言,Bass(1985)指出,变革型领导的早期行为与其在年幼及青少年时期受到的家庭影响有着密不可分的关系,即包容的家庭培养模式会造就孩子更为积极向上、懂得关怀并愿意承担的个性特征。Eagly,Johannesen-Schmidt

(2010)认为,女性变革型领导的感情细腻及关注细节,会使其在领导魅力、个性化关怀和动机鼓舞三个方面高于男性。Sosik,Megerian(2016)也基于实证研究,发现具有较高情绪智力的领导者会展现出更为有效的变革型领导风格。这一结论与刘益、刘军、宋继文等(2007)的研究高度一致。而从下属员工来看,员工的个人特征和教育背景等因素会对领导风格的有效性产生直接影响。例如,Wofford,Goodwin,Whittington(1998)的研究指出,具有高自主性的员工更能适应变革型领导的行为和管理模式。刘益、刘军、宋继文等(2007)的研究指出,若下属具有较高的情商水平,无论变革型还是交易型领导都能够更为顺畅和有效地开展工作。Kim(2017)则指出,团队中员工的教育差异化越大,变革型领导的有效性越低,即变革型领导在团队成员教育背景相似时更为有效。

除了领导者与员工自身因素,组织环境也被证实会显著影响变革型、交易型领导的有效性(Bass,1985)。组织环境具体包括组织文化、工作氛围、领导与员工关系和替代性领导等方面。Pawar,Eastman(1997)的研究发现,变革型领导在那些倡导适应性、快速变化的组织中更为有效,交易型领导在发展进程相对平稳、企业文化更为传统的组织中更易生根且更有效。徐长江、时勘(2005)证实了领导和成员之间的关系是影响领导风格有效性的重要因素,即当两者关系紧密时变革型领导风格会更为有效,反之,交易型领导的优势便会凸显出来。除此之外,Han,Liao,Taylor,et al.(2018)的研究也报告了战略人力资源管理和高绩效工作系统能够作为替代领导,对变革型与交易型领导的有效性产生显著作用。

### 2.3.3 变革型、交易型领导的效用机制

在变革型、交易型领导的效用机制方面,以往的研究证明这两类领导风格均能产生一系列积极的影响结果。目前,个体层面的变革型领导效能机制的研究较多,且多关注其对组织中员工的创新行为(Eisenbeiss,van Knippenberg,Boerner,2008;Gumusluoğlu,Ilsev,2009)、满意度(Braun,Weisweiler,Frey,2013;Yıldız,Şimşek,2016)、工作绩效(Walumbwa,Hartnell,2011)及组织公民行为(Hackett,Wang,Chen,et al.,2018;

Khalili，2017)等方面的影响作用。在创新行为方面，Khalili(2016)建立了以创新支持氛围为中介的模型，他提出变革型领导能对员工的创造力和创新力产生积极的影响。Gumusluoǧlu，Ilsev(2009)通过对土耳其软件研发企业人事主管与经理进行实证调查，指出变革型领导通过内在动机、心理赋权和创新支持感知三项中介机制对员工创新行为的提升产生正向影响，而员工创新行为的提升又会继而作为中介变量对组织创新能力的提升产生积极的影响。在工作绩效方面，Walumbwa，Hartnell(2011)提出，关系识别和自我效能是变革型领导对员工工作绩效之间的重要调节因素。Carter，Armenakis，Feild，et al.（2013)则认为变革型领导是否能对员工工作绩效产生积极的正面影响取决于领导与员工之间的关系质量以及组织变革发生的频率。在员工工作满意度与主观幸福感方面，Braun，Peus，Weisweiler，et al.（2013)提出变革型领导会通过主管信任，继而正面影响员工工作满意度。Yıldız，Şimşek(2016)的研究发现，在信任与自我效能之间，信任对变革型领导与工作满意度的正向调节影响更为显著。而本书所关注的组织公民行为，在近些年也得到了学界关注。Khalili(2017)指出变革型领导会对员工组织公民行为起到正向的作用。Hackett，Wang，Chen，et al.（2018)认为领导—员工的交换质量会决定员工会否采取更多的组织公民行为。Dartey-Baah，Addo(2019)则发现工作投入在变革型领导与组织公民行为之间起到完全中介变量作用，即变革型领导会通过员工工作投入的提升对组织公民行为产生正向影响。关于领导风格与员工亲环境行为的相关研究起步较晚，已被学者识别的两者关系的影响因素有主观幸福感、员工承诺、心理资本、绿色身份识、环保激情、自主动机、主管员工价值观一致、环保意识（Jiang，Zhao，Ni，2017；Kura，2016；McMurray，Pirola-Merlo，Sarros，et al.，2010；Wang，Zhou，Liu，et al.，2018）。

　　除了个体层面的影响，变革型领导效能机制也聚焦于其对组织层面带来的影响，如组织创新、组织绩效、组织学习、团队间合作等方面。Eisenbeiss，van Knippenberg，Boerner(2008)研究指出，变革型领导能够通过创新支持这一中介变量对团队创新产生正向影响，其中卓越氛围会起到调节作用。Prasad，Junni(2016)发现在变革型领导与组织创新能力的关系之间正相关,而环境活力起到显著的正向调节作用。在组织绩效方面,Braun, Peus, Weisweiler, et al. (2013)指出,变革型领导能够通过团队信任对团队工作业绩形成积极影响。Chi, Huang(2014)则通过收集 61 个研发团队的管理者和员工的配对数据,发现变革型领导通过塑造团队目标取向和增进团队情感这两大手段,来显著影响高水平的团队绩效。另外,随着研究进程的推进,领导风格与团队合作之间的关系也受到了部分学者的关注。Cha, Kim, Lee, et al. (2015)的研究便发现团队质量与团队的大小在两者关系之间起到了显著的调节作用。

区别于变革型领导,交易型领导虽被认为是组织中常见的领导风格,但对其效用机制的研究却较为少见。已有研究中,交易型领导与员工或组织创新行为之间的效用机制较受关注,苗宏慧(2019)通过对领导与下属的配对数据进行分析,指出交易型领导会对员工创新绩效起到积极影响,且知识管理在两者之间起到了中介作用。薛亦伦、张骁、丁雪等(2016)的研究指出交易型领导正向影响团队创新行为,而变革型领导正向影响团队创新构想的诞生。然而,也存在部分与这些研究结论相反的结论。例如,Kark, Van Dijk, Vashdi(2018)的研究就认为交易型领导会通过个人调节焦点机制激活员工的预防型调节焦点,从而阻碍员工的创造力。除了以上正向或负向的简单论断,越来越多的学者开始提出交易型领导的效用性是具有边界条件的。Prasad, Junni(2016)提出在正向环境活力高的组织中,交易型领导会对组织创新产生显著的积极作用,而在正向环境活力相对不强的组织中,这样的效应并不显著。余传鹏、叶宝升、林春培等(2021)认为在影响中小企业管理创新实施绩效、跨部门整合的过程中,交易型领导包含激励与控制效应,双重效应叠加形成"边际递减效应"与"过犹不及"的倒 U 形关系,并且在高冗余的组织中倒 U 形关系会演变为 U 形关系。在交易型领导与组织公民行为的研究中,其与员工组织公民行为之间的正向关联性在已有的部分研究中被证实(Dartey-Baah, Addo, 2019; Suliman, Al Obaidli, 2013),且基于对交易型领导效用性存在边界性观点的认同,不少学者也开始关注何种情境下交易型领导会使员工产生更多的组织公民行为。例如,Walumbwa, Wu, Orwa(2008)指出组织公平感知在变革型领导对员工组织公民行为的影响中起到重要的中介作用,即在组织公平感知高的组织中,交易型领导风格能够激发下属更多的组织公民行为。Nahum-Shani,Somech(2011)的研究发现员工的集体中心倾向是变革型领导对组织公民行为影响的重要中介变量。该项研究认为随着员工个体中心倾向的增加,两者之间呈现正向关联;而随着员工集体中心倾向的增加,两者之间呈现负相关。遗憾的是,目前交易型领导与亲环境行为直接相关的研究并未在学界引起充分重视,可能的原因是交易型领导所奉行的"资源交换"原则多被学者认为更接近于人的较低层次需求(刘步,2015)。而亲环境行为作为利他的高层次行为,似乎很难从表面上去建立两者之间的相关性。

关于变革型领导如何影响组织表现方面,已有研究也有一定积累。Masa'Deh,Tarhini,Obeidat(2016)发现交易型领导能对员工的工作绩效起到显著的正向作用,并且能够带来员工的知识分享行为,从而起到促进团队成长的作用。Awan,Jami,Saddique(2021)指出交易型领导与员工工作绩效之间存在正向关系,因此从整体上会促进团队的工作绩效。Vecchio,Justin,Pearce(2008)基于整合路径理论,提出交易型领导对于组织绩效的正向影响可能要比变革型领导强,并呼吁以往研究可能低估了交易型领导的潜在预测价值。Alrowwad,Abualoush,MasaDeh(2020)的研究也证实了交易型领导对组织绩效能产生积极的作用,其中智力资本和创新起到了中介作用。与以上观点不同,也有少部分学者的研究指出交易型领导对组织绩效的影响是负向的。Howell,Avolio,Schmitt(1993)的研究就是该观点的典型代表。与个体层面相类似,不少学者也开始提出不能简单地将交易型领导对组织层面的影响概括为积极或消极的,应纳入更多的具体相关因素来探讨。Young,Glerum,Joseph,et al.(2021)便指出交易型领导与员工或组织绩效之间存在的是正面与负面并存的"双刃剑"效应,即交易型领导者给员工兑现承诺的奖励时,会促进两者之间交换关系。但在例外管理中,虽然领导者的领导方式能够起到促进授权的作用,却阻碍了两者之间的交换关系,因此交易型领导对员工工作绩效同时存在促进与预防的双重效应。基于以上回顾,可知目前对于交易型领导给个体(组织)所带来的影响究竟是正向还是负向尚没有定论。本书认为交易型领导虽奉行的是资源交换、奖罚分明的管理方式,但因基于的是"经济人"的假设前提,与"低层次需求"并不相关,其对个体(组织)的影响,以及具体到本书的员工亲环境行为的影响要取决于具体的组织情境及相关因素。

## 2.4 建设性组织价值氛围研究进展

### 2.4.1 建设性组织价值氛围的内涵

组织氛围是通过员工之间的社会互动而产生的一种整体属性,对组织发展的影响不容小觑。其通常被定义为组织员工对工作场所中被期望、支持和奖励的实践、程序和行为的一致性感知(Schein,1996)。同样作为组织层面的变量,组织文化与组织氛围一直有着不可分割的密切联系。Rousseau(1990)认为,组织文化是多层次概念,员工共同的期望和规范是其表层的重要构成要素,这两方面会作为员工知觉的主要来源,深刻影响组织氛围的形成(Hofstede,1998)。而价值观和思想则是组织文化的深层构成要素,这两者虽不如期望和规范容易被员工识别,但会对组织氛围的后续发展产生重要的影响(Hofstede,Neuijen,Daval,et al.,1990;Hofstede,1998)。类似的,Martin(1992)也指出了组织文化是组织氛围形成的重要影响因素,他提出一个组织可能同时存在多种相异的组织价值,这些价值是存在于中观组织文化层面的,与组织氛围的形成有着很强的关联性(Martin,1992)。

基于对组织氛围与文化紧密联系的认可,区别于以往公平氛围(Roberson,Colquitt,2005)、建言氛围(Morrison,Wheeler-Smith,Kamdar,2011)、创新氛围(Weiss,Hoegl,Gibbert,2011)与心理安全氛围(Nielsen,Mearns,Matthiesen,et al.,2011)等单一、线性的组织氛围视角,Marinova,Cao,Park(2019)从竞争性价值框架模型(competing values framework,CVF)的四类文化出发,响应学界对社会构建、构型理论的呼吁(Alvesson,Sandberg,2011;Cameron,Marc,2006),提出了建设性组织价值氛围(constructive organizational values climate,COVC)这一概念。他

们同时提出当今组织的有效性存在悖论,为了变得更有效率,组织必须同时拥有相互矛盾,甚至是排斥的属性。因此,一个平衡良好的组织价值观氛围应该包含多个目标,即使这些目标包含相互矛盾的因素。Cardador,Rupp (2011)也提出组织应该是由多元的文化元素组成的。除此之外,Hartnell, Ou,Kinicki(2011)通过元分析发现 CVF 模型中各文化是并存的且相互间的平均相关系数为 0.54,该发现支持了学界对构型理论在组织文化研究中应用前景的期望。关于建设性组织价值氛围的概念,Marinova 等人将其定义为高员工关系、高组织灵活性、高市场导向与适中的内部流程氛围的集合,是四类氛围类型的最优水平与各项目竞争所达到的最佳状态,该构念已被验证是影响员工的组织公民行为的重要因素(Marinova,Cao,Park, 2019)。

## 2.4.2　竞争性价值框架模型

作为建设性组织价值氛围的核心理论模型,竞争性价值框架模型是由 Quinn,Rohrbaugh(1983)基于 Campbell(1974)的有效性标准理论提出的。该框架模型根据内部导向(横轴)和控制授权(纵轴)两个维度,形成了宗族型(clan)、活力型(adhocarcy)、市场型(market)、层级型(hierarchy)四种企业文化分类。

如图 2-3 所示,竞争性价值模型的四种企业文化类型及其特征描述如下。

员工关系(human relations)。员工关系型的组织文化是内部导向的,并具有灵活的组织结构。在这类组织中,成员之间通常有共同的价值观和工作目标(Cameron,Quinn,1999)。高员工关系的企业好比家庭组织的延伸,其领导更多担任长辈和导师的角色,非常重视员工的长期目标和自我提升,组织用个性化的工作环境和奖金等方式,为员工提供民主参与的机会和更大的自主权,激发员工的热情,重视所有员工的培训和发展(张恒丽, 2013)。高员工关系的组织相信通过团队的力量可以控制外部环境,顾客是他们最好的工作伙伴。归属感和信任感是这类企业的核心价值观。总体而言,这类企业员工具有较高的忠诚度(Quinn,Cameron,1988)。

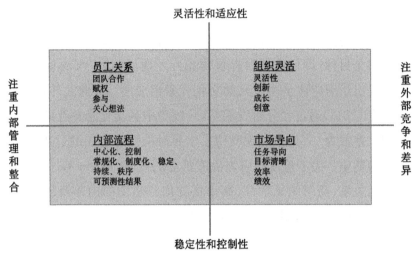

**图 2-3　竞争性价值框架(CVF)模型**

资料来源：Cameron，Quinn(1999)

组织灵活(open system)。组织灵活型的组织文化也称为临时体制式文化,是外部导向的并具有灵活的组织结构。在灵活型文化中,一个基本的假设就是变化促进了新资源的创造或者获取。因此,高组织灵活性组织重视增长、刺激、多样性、自主性和对细节的关注(Quinn，Kimberly，1984)。因此,这类企业会最大程度培育具有创新精神的员工(Denison，Spreitzer，1991)。

市场导向(rational goal)。市场导向型的组织文化是外部导向的且充满了控制机制。该类型企业的核心价值观：对产品竞争力的关注是获取短期生产力及股东收益增长的关键(Cameron，Quinn，1999)。高市场导向组织坚持制定明确的目标,并采取有效的激励措施以推动员工更为积极地开展工作,从而使企业完成股东的期望。因此,拥有这类组织文化的通常非常重视制订计划、任务导向、集中决策和明确目标,并通常基于主动进攻的战略姿态,期望提高产品质量、市场份额和盈利能力,最终击败竞争对手(Cameron，Quinn，DeGraff，et al.，2006)。

内部流程(internal process)。内部流程型的企业文化是内部导向且由控制机制驱动的。该类型的企业坚持控制、稳定和可预测性促进效率,并相信员工职责的清楚界定是组织有效运转的基石。因此,高内部流程组织通常非常重视精准的沟通,程序化和一致性(Quinn,Kimberly,1984)。组织中的成员也倾向于按照程序式的工作方式按部就班,习惯于遵守企业中的各种制度和规范,并从中找到安全感和归属感。总体而言,这些组织文化的企业通常具有较高的效率,及时和平稳的功能性(Denison,Spreitzer,1991)。

综上所述,CVF 模型根据组织关注内部导向和控制授权的程度,将文化与组织目标直接挂钩来定义组织价值,是一项组织文化的实用工具(Quinn,Rohrbaugh,1983;Cameron,Quinn,1999)。CVF 模型中包含的宗族型、活力型、市场型和层级型四类组织文化拥有自身独特的假设、信念、价值观、行为和有效性标准(见表 2-2),对实现不同的组织目标起着差异化的效用。如在创新方面,活力型企业会起到积极作用,而层级型则不然(Liao,2018)。又如宗族型文化会对员工的团队(集体)态度起到正向作用,而市场型文化会带来更好的财务表现等(Hartnell,Ou,Kinicki,2011)。

**表 2-2 竞争价值观框架的四种文化类型**

| 文化类型 | 假设 | 信念 | 价值观 | 行为 | 有效性标准 |
|---|---|---|---|---|---|
| 宗族型 | 人际联系 | 当人们对组织有信任、忠诚和归属感时,他们就会更积极地开展工作 | 依恋、隶属、协作、信任和支持 | 团队合作、参与、员工参与和开放沟通 | 员工满意度和承诺 |
| 活力型 | 变化 | 当人们了解任务的重要性和影响时,他们就会更积极地开展工作 | 成长、刺激、多样性、自主性、注重细节 | 冒险、创造力、适应性 | 创新 |
| 市场型 | 完成 | 当人们有明确的目标并获得奖励时,他们就会更积极地开展工作 | 沟通、竞争、能力和成就 | 收集客户和竞争对手的信息;设定目标、计划与任务重点;竞争力和进取心 | 增加市场份额、利润;产品质量和生产力 |
| 层级型 | 平稳 | 当人们有明确的角色和由规则和规章正式定义的程序时,他们就会更积极地开展工作 | 沟通、程序化、正规化和一致性 | 一致性和可预见性 | 效率、及时性和顺利运作 |

值得一提的是,越来越多的研究开始证明 CVF 框架中虽存在着四种不同的组织文化,但这些文化之间并不是排斥且矛盾的关系。Schulte,Ostroff,Kinicki(2006)指出,在复杂的组织运行中,CVF 框架中四类文化之间不应仅存在竞争的关系,应是互补且并行的。Zeb,Akbar,Hussain,et al. (2021)的研究也指出,所有企业都包含 CVF 框架四种文化相应的要素特征,并且这些要素特征在多层面上存在着共存的关系。Cameron,Quinn,DeGraff,et al. (2006)指出构型理论将会是解决组织文化复杂性研究的有力理论基础。

### 2.4.3 组织文化评价量表与建设性组织价值氛围的测量体系

目前对建设性组织价值氛围的测量,是基于 Cameron,Quinn(1999)开发的组织文化评价量表(Organizational Culture Assessment Instrument,OCAI)来完成的。OCAI 量表是在竞争价值框架上开发出来的直观便捷的组织文化测量工具,其包含主导特征、领导风格、员工管理、企业凝聚、战略重点以及成功准则 6 个测量维度。每一项测量维度的总分为 100 分,被试者需要将总分分配到该维度的四项题项中去。举例而言,如果在测量维度 1 中,你认为选项 A 与你所在的组织非常相似,B 与 C 有些类似,但是 D 却几乎不一致,那么你可以给选项 A 赋分 55 分,选项 B 与 C 赋分 20 分,而选项 D 赋分 5 分(见表 2-3)。

表 2-3　组织文化评价量表(OCAI)选项示例

| 题号 | 指　标 | 现状 | 期望 |
| --- | --- | --- | --- |
| 4-a | 组织靠忠诚和互信黏合在一起,大家具有承担义务的责任感 | | |
| 4-b | 组织的凝聚力是对革新和发展的追求 | | |
| 4-c | 组织的凝聚力来源于取得成功和完成目标,进取和求胜是我们共同的目标 | | |
| 4-d | 组织用正式的规章制度把大家有序地组织在一起,强调组织的平稳运营 | | |
| | 总分 | 100 | 100 |

资料来源: Cameron,Quinn(1999)

关于建设性组织价值氛围的测量，Marinova，Cao，Park（2019）对 OCAI 量表进行了修改并最终形成了 20 项的测量题项，运用聚类分析与构型法，分析指出组织存在高建设性组织价值氛围与低建设性组织价值氛围两大类。

## 2.5　组织差序氛围研究进展

### 2.5.1　组织差序氛围的内涵

组织差序氛围是刘军团队在社会学家费孝通提出的差序格局的基础上，针对团队有效性提出来的具有中国传统文化特色的团队层次的结构变量，是指团队各成员围绕团队资源掌控者（通常是团队领导）所形成的关系疏密的差异程度（刘军，章凯，仲理峰，2009）。与其相似的是国外学者研究的领导—员工交换关系差异（LMX）概念，但两者并不是相同的内容。组织差序氛围指的是在团队管理、任务分配、奖金评定、绩效评价时，由于领导者的主观评价，未能做到"一碗水端平"的现象，其更多表现出的是工作之外发展的私人交情在工作之内发挥的重要作用（刘军，章凯，仲理峰，2009）。举例而言，在具有强组织差序氛围的组织中，领导会根据自己的喜好、与下属的日常互动等，人为地将团队成员分出"圈内人"和"圈外人"。"圈内人"是领导认为"亲、忠、才"的团队成员，这些成员与领导的关系更为密切，更靠近组织核心。而"圈外人"则是领导相对不喜欢的"疏、逆、离"的团队成员，对于这部分员工，领导通常会认为其忠诚度低、工作能力相对平庸（郑伯埙，2006）。除了将员工根据组织内的差序格局简单地划分为"圈内人、圈外人"，许惠龙、梁钧平（2007）指出在有着差序氛围的组织中，领导者会将员工划分为"内圈""外圈"以及"中间圈"三类，不同的圈层遵循着不同的互动法则，且每一层内部又存在进一步的差序氛围，即在同一圈层内的员工可以进一步细分为核心区域成员、中间区域成员以及边缘区域成员。随后，罗家德等（2013）进一步根据交换类型、信任建立机制，构建出差序氛围组织的中心网络圈层模型（见图 2 - 4），该模型将组织中的员工分为"圈内人"和"圈外人"。"圈内人"又因位置差异拥有不同的圈层身份。该模型还将圈层核心领导者根据组织地位的不同,划分为大领导和非正式领导两类,并围绕这两种不同种类的领导者,依据员工在每一圈层的差序的远近,将其细分为"班底""圈边人",而位于不同圈子交集部分的员工是"关系桥成员"。

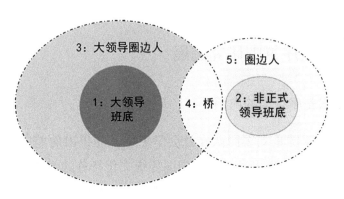

图 2-4　中心网络圈层模型

资料来源:罗家德,周超文,郑孟育(2013)

### 2.5.2　组织差序氛围的测量体系

现有组织差序氛围的测量体系中,具有代表性是刘贞妤(2003)基于员工视角开发的相互依附、偏私对待、亲信角色三维度的 11 个题项的差序知觉量表,该量表在多项研究中被证实有较高的信效度(彭正龙,赵红丹,2011)。三大维度中的相互依附维度主要考察领导与特定成员在感情上的相互抱团问题,包括"主管与个别下属接触频繁""主管会与在团队中固定几个同事分享他的想法及做法"和"在团队中,我认为某些下属对主管的决策很有影响力"等 6 个题项。偏私对待主要考量在组织内部的工作安排及职业晋升路径上有没有偏私现象,包括"在整个团队中我感觉到主管对下属的差别待遇比较大""有些下属升迁比其他人快很多"以及"主管常会把私人事情交由个别下属处理"3 个题项。亲信角色则是指少数下属能在工作中获得上司的相当信任,并成为其左右手甚至代行主管的部分职责。这一维度只包含 2 个题项,即"有特定的下属会协助主管就职一些例行工作"和"有特定的下属可代行主管的大部分职务"。以该测量模型为基础,刘军、章凯、仲理峰(2009)提出虽然团队成员可以感知组织差序氛围,但是差序氛围应该是一个团队层面的变量,它并不会因为团队成员感知存在或消失。因此,在他们的研究中,将已有的相互依附、偏私对待、亲信角色 3 个维度合并进行构念层次上的取值,获得了 0.91 的高信度系数。沈伊默、诸彦含、周婉如等(2019)也认同该观点,并在其研究中使用了群体参照转移法(David, 1998),将刘贞妤(2003)题项中的"我"均替换为"我们",以强调员工的整体情况,实现了个体层面数据汇聚加总到群体层面来获取差序氛围的得分。

### 2.5.3　组织差序氛围的影响因素与效用机制

组织差序氛围是由特殊的文化环境孕育出来的独特的组织传统。多数学者认为其会对组织带来负面的影响。薛亦伦、张骁、丁雪等(2016)认为高差序氛围的存在,对于"圈内"或"圈外"人都会产生负面的影响。他们指出,在组织差序氛围浓厚的组织中,大多数员工被认定为"圈外人",这会使得圈外员工产生被领导边缘化的感受,进而影响其工作绩效,同时,组织差序氛围也会给"圈内人"带来随时可能被取代的不安全感受,由此产生负面的影响。此外,黄攸立、王禹、魏志彬等(2018)的研究指出了高组织差序氛围感知会导致员工出现认知失调,并有资源倾斜的不公平与人际冲突的情绪对立的强烈感知,对员工的工作满意度产生负面影响。朱瑜、谢斌斌(2018)认为团队的高差序氛围会减少员工情感承诺,继而引发员工沉默行为的产生等。也有部分学者从反向思维出发,指出当员工差序氛围感知程度较低时会提高其与管理者互动的认知水平,提升上下级价值观匹配感知,有效促进组织公民行为的产生(沈伊默,诸彦含,周婉如,等,2019;Long,Li,Ning, 2015)。

另外,也有部分研究提出组织差序氛围能为组织能带来积极的效应,是领导者的有效管理手段,但总体而言这些研究多是基于理论演绎的思辨性推导,缺乏实证数据的支撑。王兴(2018)从理论和思辨层面,提出差序式领导虽是一种"偏心"的管理方式,但若管理者能够做到持续关注并精准分析员工需求,掌握好"合情"与"合理"的平衡艺术,"偏心"管理会在组织中发挥出积极的作用。类似的,张海靓、陈同扬(2018)也指出差序式领导者能够根据员工的关系、忠诚与才能来合理区分"圈内人"与"圈外人",差序式领导所采用的动态员工归类会对"圈外人"产生激励作用,组织中团队的工作效率也会随之得到提升。高良谋、王磊(2013)则是对组织差序氛围的文化适应性进行了深入分析,他指出差序氛围符合中国传统文化中"人伦差序"的思想,他用"差序是现实的安排,平等是进入差序的机会"来描述组织差序氛围,认为其是一项对组织能起到积极意义的本土组织因素。除此之外,李晓玉、赵申苒、高昂等(2019)对组织差序氛围与员工建言行为之间的关系进行了实证检验,他们的研究发现组织差序氛围不仅会对"圈内"员工的建言行为起到积极影响,对"圈外"员工同样也能起到正面作用。

综上,笔者发现,组织差序氛围对组织影响的相关结论还存在一定的对立与矛盾。一方面,员工在争夺领导偏私、获取更多资源的过程中,会互相排挤攻击,从而造成组织矛盾和冲突,降低组织运行效能。另一方面,组织差序氛围会增强组织管理柔性化,由增强员工的归属感提升其各方面的表现。与此同时,目前组织差序氛围对员工组织公民行为影响的研究还非常有限,其与员工亲环境行为的相关研究尚未可见。鉴于此,本书拟进一步探明组织差序氛围是否以及"是"的情况下如何影响员工亲环境行为。这需要深入的实证研究,对两者之间的关系进行合理而有力的解释,以为本土化的组织管理实践提供有益思路。

## 2.6　已有研究评述

企业环境责任在旅游领域的研究因具有重要的现实实践意义,在近些年已逐渐开始受到国内外学者的重视。但目前该领域的研究,仍主要聚焦于企业环境政策、环境战略的制定及消费者环境教育项目的展开等内容,对于企业环境责任在员工层面的执行情况相关话题关注比较有限。旅游企业员工亲环境行为的探讨始于 Chan, Hon, Chan, et al. (2014)的研究,随后国内外旅游学者们在不到十年的时间里对绿色人力资源(GHRM)、企业社会责任(CSR)及领导行为等一系列情境因素以及环保意识、环保态度等个人因素会对其产生的影响作出了一系列假设并进行了实证检验。在这些研究中,绿色人力资源(GHRM)与企业社会责任(CSR)两项情境因素的研究较为多见,这源于过去 10 年 GHRM 与 CSR 在旅游企业得到了极大的推广与普及。然而,随着实践与理论经验的积累,越来越多的学者开始提出,因亲环境行为具有道德行为的属性,若仅靠 GHRM 与 CSR 的宣贯,实际上是很难从根本上提升与落实的。由此,领导风格与组织氛围等情境因素与旅游企业员工亲环境实践关系的研究开始受到实践与理论的重视。

通过对已有文献的系统梳理,可知如变革/交易型领导、建设性组织价值氛围、组织差序氛围及组织公民行为的研究已有一定积累,但这些研究成果尚未在员工亲环境行为领域得到充分应用。并且因旅游企业员工亲环境行为研究发展起步较晚,学者尚未对旅游行业的特性进行充分识别与挖掘。基于此,本书认为旅游企业员工亲环境行为的已有研究至少存在以下三方面值得探索的方向。

首先,对于领导风格、组织氛围影响旅游企业员工亲环境行为的作用机制尚有待进一步明确。作为典型利他行为,因亲环境行为的开展并不能够产生直接的市场补偿效应,补偿或内化便成为两大重要的提升手段(Peng, Lee, 2019)。具体而言,补偿指的是为企业员工在亲环境行为方面的积极行为提供激励方案,例如薪酬激励就属于该范畴。而内化则指的是个体因受到环境受益人的影响而自愿实施环境溢出效应相关行为。进一步,内化可以细分为符号内化与实质内化两大维度。其中,符号内化是指行动者对于环境受惠者的认同感知。例如,某一旅游企业员工本身就具备对保护自然重要性的认同(Rezapouraghdam, Alipour, Darvishmotevali, 2018; Zientara, Zamojska, 2018)。而实质内化则指的是因个体与组织紧密结合,从而产生的一种主人翁精神,由此去主动并积极地开展亲环境行为(Peng, Lee, 2019)。旅游企业隶属低利润行业,又因受到新型冠状病毒肺炎(简称"新冠肺炎")疫情等不确定因素的影响,存在着较大的经营成本压力(Peng, Lee, Lu, 2020)。由此,相对于补偿而言,内化的亲环境行为提升策略更为适合,也更能为旅游企业提供源源不断的动能。然而,目前相关旅游企业员工亲环境行为内化机制的相关研究较为少见,在领导风格与其关系的研究中仅有一项研究指出责任型领导会通过增加旅游企业员工的组织信任促进亲环境行为（Wood，Eid，Agag，2021），而组织氛围与员工亲环境行为间的直接关系研究尚未建立。因此，在未来的研究中两者关系的内化机制值得进一步探讨。

其次，对旅游企业存在的人力资源难题及我国的本土文化因素需纳入研究中考量。回顾已有文献可知，虽领导风格与亲环境行为各自的理论研究均已有丰富积累，但将两者相联系到一起在旅游领域却刚起步，且研究思路多沿用其他行业中员工亲环境行为的理论范式，缺乏对目前旅游企业在国内存在的员工薪资偏低、情绪耗竭频发、缺乏职业认同等实际运营困境的现实考虑（赵豫西，邱萍，2015）。另一方面，已有研究虽也有基于我国旅游企业数据的实证研究，但缺乏对我国文化因素的挖掘。根植于集体主义思想与"差序格局"，组织差序氛围广泛存在于我们企业中（刘军，章凯，仲理峰，2009），并对领导行为的有效性起着举足轻重的作用。然而，已有研究将其与我国企业员工亲环境行为进行关联，多只是运用西方研究框架及范式进行重复的验证性研究。因此，未来还应突破目前研究仅借鉴西方研究的思维局限，将更多国内旅游企业实际人力难题与我国本土文化情境因素纳入研究中进行考量，旨在起到推动中国领导力理论与企业环境责任管理理论的"本土化"的积极作用，研究结果也能为我国旅游企业的内部实践管理提供更具有操作性的指导建议。

最后，已有旅游企业员工亲环境行为研究的落脚点仍仅基于个体视角，对组织环境因素的重要性有待进一步讨论。目前，仅有一项研究提及领导风格与CSR对旅游企业员工亲环境行为存在协同交互影响（Wood，Eid，Agag，2021），但该项研究仍仅基于员工个体视角开展。基于我国企业内部管理现状（汤敏慧，彭坚，2019），个体层面的作用机制考虑较多，对领导行为与旅游企业员工亲环境行为关系中系统、复杂的影响机制研究仍是较为缺乏的。另一方面，已有研究指出组织氛围是员工是否采取如公民组织行为的重要决定因素（Schein，1984；Schneider，Ehrhart，Macey，2013），并会对领导者行为的有效性产生重要的影响作用（范黎波，杨金海，史洁慧，2017；荣鹏飞，苏勇，张岗，2021），然而，纵观员工亲环境行为已有研究，对于组织氛围因素的考量较为薄弱,仅积累了绿色心理氛围这一项影响因素(Zhang,Ul-Durar,Akhtar,et al.,2021;潘持春,黄菲雨,2021)。然而其与个体亲环境因素之间的相关性较易被识别,两者之间的正相关性逻辑也很容易建立。那么在组织中是否还存在并非如此"显性",却对员工亲环境行为有着重要影响的因素呢? 抑或,是否存在整合性视角的组织氛围影响因素呢? 因此,未来研究可沿着这一问题探索寻找答案,所得结论不仅能为旅游领域的理论研究奠定基础,也将起到深化其他行业员工亲环境行为相关研究的积极作用。

# 第3章
# 研究框架与设计

## 3.1 研究框架

　　领导者承担着组织中"氛围缔造者"与"守门员"的重要角色(Lewin,
Lippitt,White,1939;Zohar,Luria,2005),其行为起着直接决定企业的发
展与命运的关键作用。与此同时,组织氛围是员工对组织环境的主观知觉,
对于旅游企业员工而言也有着不可忽视的重要作用(段锦云,王娟娟,朱月
龙,2014)。因此,对领导风格、组织氛围与旅游企业员工亲环境行为间关系
的探索将对我国旅游企业落实"双碳"目标相关的环境责任实践起到重要指
导作用。基于前一部分文献的回顾,本书将运用变革型、交易型领导模型来
表征领导风格,原因有以下两项:一是基于文献梳理可知,变革型、交易型
领导涵盖了多种领导风格的特征,具有较高的广谱性,也已积累较多的研究
成果(Bass,Avolio,1989;Rowold,2006);二是变革型、交易型领导被指出
是影响员工组织公民行为中最为重要的两种领导风格,是员工开展工作职
责以外组织公民行为的重要预测因素(Nahum-Shani,Somech,2011;
Zacher,Jimmieson,2013)。因此,将变革型、交易型领导作为前因变量,对
提升旅游企业员工亲环境行为的领导力有效性机制研究具有积极的实践及
理论意义。同时,本书选取 Marinova 等所提出的建设性组织价值氛围这一
整合型的一般组织氛围,即高员工关系、高组织灵活性、高市场导向与适中
内部流程氛围的集合(Marinova,Cao,Park,2019),并基于费孝通(1988)
提出的差序格局理论所衍生的组织差序氛围概念开展研究,以更清晰地识

别存在于组织氛围中影响旅游企业员工亲环境行为的关键因素。

　　本书基于目前旅游企业内部亲环境实践存在的现实困境,结合既有理论研究中存在的不足,以变革型、交易型领导风格,建设性组织价值氛围,组织差序氛围影响旅游企业员工亲环境行为的关系为核心,构建具有我国旅游企业特征的、由个体视角向跨层次视角拓展的研究。

　　本书的研究思路与框架如图 3-1 所示。

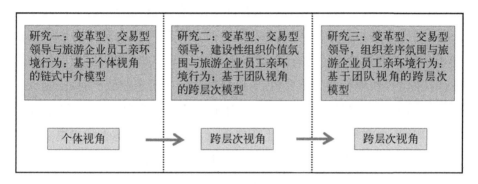

图 3-1　本书研究思路与框架

## 3.2　研究设计

　　本书围绕领导风格、组织氛围对旅游企业员工亲环境行为的影响与作用机制这一核心研究问题展开,构建了三项研究。一是运用焦点调节理论与资源保存理论,在检验变革型、交易型领导对旅游企业员工亲环境行为影响与作用机制的同时,纳入旅游企业员工常见的情绪耗竭心理现实困境,探讨变革型、交易型领导如何影响员工工作调节焦点以及情绪耗竭,并如何通过两者的链式中介作用对员工亲环境行为产生作用。二是基于我国旅游企业团队工作日趋普遍的运营情况,从自我决定与社会信息加工理论视角出发,纳入建设性组织价值氛围这一具有整合型的组织氛围,探寻变革型、交易型领导,建设性组织价值氛围影响旅游企业员工亲环境行为关系的作用机制。三是聚焦员工关系氛围中的组织差序氛围,探讨其与变革型、交易型领导及员工亲环境行为的关系机制,指出企业社会环境责任管理中的"偏心管理"带来内部环境责任实践效率不理想的问题。

### 3.2.1 变革型、交易型领导与旅游企业员工亲环境行为：基于个体视角的链式中介模型

虽文献中已有领导风格与旅游企业员工亲环境行为关系的研究,但是这些研究尚未涉及对旅游企业员工特性的挖掘,并在研究范式与框架上仅沿袭了员工亲环境行为研究中多运用的社会交换与社会学习理论研究范式,其应用及理论价值较为有限。Peng,Lee,Lu(2020)提出实质内化是影响个体主动及长期行为的重要机制,也最为适合旅游企业低利润、控制成本运营情况的现实。目前旅游企业员工对于亲环境行为存在明显的"底线思维",即"我不会在环境责任问题上犯错误,但我也不主动地去承担更多的亲环境行为"。因此,本书将领导者如何通过内化机制,高效提升旅游企业员工亲环境行为作为核心问题,分别开展了基于个体视角与跨层次视角的三项子研究。具体来说,在研究一中,运用了来自酒店、旅行社等旅游企业正式员工的大样本问卷调查数据,探讨了变革型、交易型两大类领导风格影响旅游企业员工亲环境行为的作用机制。具体的研究设计包括以下三方面。

一是基于调节焦点理论(Higgins,1997),提出假设并验证了变革型、交易型领导会通过激发员工差异化的工作调节焦点,继而对旅游企业员工亲环境行为产生差异化影响。已有文献指出变革型领导因其通常在工作中倾向于充满乐观和积极的期望,勇于尝试创新,更为关注长期的目标,因此这类型的领导者通常会更容易激发出下属员工追求高层次需求及冒险的意愿,这便使得下属易形成促进型工作焦点(Higgins,Friedman,Harlow,et al.,2001;Brockner,Higgins,2001);相反,交易型领导在工作中通常展现出强烈的规则意识,他们密切关注下属的表现,在发现下属表现不尽如人意时,便会通过严格的例外管理机制,使该员工与其他下属进一步明确游戏规则(Higgins,1997)。因而,交易型领导虽素来具有"高效率领导"的美誉,却因其工作模式存在的短视及规则,通常会使得其下属更关注于失去与惩罚,并由此产生预防型工作焦点(Delegach,Kark,Katz-Navon,et al.,

2017；Hamstra，Van Yperen，Wisse，et al.，2014）。

二是运用资源保存理论（Hobfoll，Stevan，1989），提出变革型、交易型领导会对旅游企业员工情绪耗竭现象产生差异化影响，继而影响其亲环境行为的开展。本书提出变革型领导风格负向影响员工情绪耗竭的产生，即在变革型领导风格下的员工更倾向于利用来自领导者供给的资源，进行自我调节从而减弱情绪耗竭现象的产生（Brockner，Higgins，2001；Idson，Liberman，Higgins，2004；Koopman，Lanaj，Scott，2016）。相反，交易型领导虽有着奖罚分明的制度，但因其让下属显著感受到较低的自主性与高控制度，会使员工因心理资源消耗且得不到及时补给，加剧已有的情绪耗竭（Brockner，Higgins，2001；Idson，Liberman，Higgins，2004；Tice，Bratslavsky，2000）。

三是旅游企业员工所存在的促进型、预防型工作调节焦点会影响其情绪耗竭现象的发生。基于以往文献，本书也同时提出工作调节焦点是员工情绪耗竭的重要前置因素。具体而言，促进型工作焦点员工会因对未来收获的坚信而时常有着欢欣鼓舞的情绪，通常更少出现情绪耗竭现象（Brockner，Higgins，2001）。相反，预防型工作焦点员工则会因其对消极结果敏感而进一步加剧其情绪耗竭的程度（Tice，Bratslavsky，2000）。

综上，研究一将通过来自多家我国知名旅游企业员工的一手调研数据，验证在我国旅游企业环境中变革型领导促进其员工更多践行亲环境行为，而交易型领导则会阻碍员工实践亲环境行为的假设；并且，工作调节焦点与情绪耗竭在两者的关系间起到链式的中介作用。

## 3.2.2 变革型、交易型领导，建设性组织价值氛围与旅游企业员工亲环境行为：基于团队视角的跨层次模型

研究二纳入了建设性组织价值氛围这一变量，对其影响变革型、交易型领导与员工亲环境行为关系的调节效应进行了探索。研究选取了心理授权作为变革型、交易型领导影响亲环境行为的中介因素，这是基于心理授权在已有研究中已被一再验证是员工组织公民行为产生的关键影响因素（McAllister，Kamdar，Morrison，et al.，2007）而做出的选择。具体的研

究设计包括以下三方面。

一是对变革型、交易型领导影响旅游企业员工亲环境行为作用机制中，心理授权起到的重要中介作用进行检验。本书选取了浙江省的43家旅游企业进行相关的调查数据的收集工作，共获取79个领导—员工配对群组，450份有效员工样本，每组平均样本量为5.7人。该研究分为T1与T2两个阶段展开，两次调研间隔至少一个月。

二是对变革型、交易型领导影响旅游企业员工亲环境行为作用机制中，建设性组织价值氛围的调节作用进行检验。基于建设性组织价值氛围所定义的高宗族、高活力、高市场以及中等的层次文化(Marinova，Cao，Park，2019)，研究二认为建设性组织价值氛围会通过提升员工在自我决定、意义、胜任力、影响力感知及自主裁量权等方面的成就感，提升员工潜在的心理授权认知，从而对亲环境行为产生正向影响。

三是对变革型、交易型领导影响旅游企业员工亲环境行为作用机制中，建设性组织价值氛围中员工关系、组织灵活、市场导向与内部流程4个子维度的调节作用进行检验，并基于该项研究所得结论所发现的员工关系与组织灵活氛围正向调节变革型、交易型领导通过心理授权对员工亲环境行为的影响。

综上，研究二两阶段的领导—员工匹配问卷，检验研究提出变革型领导会通过心理授权的中介作用，进而对旅游企业员工亲环境行为产生正向作用，而交易型领导则持相反的研究假设；同时，该项研究也将探明建设性组织价值氛围在心理授权与亲环境行为间起到的正向调节作用；此外，因建设性组织价值氛围是一项整合性组织氛围，继而对其所包含的4个子维度氛围的影响效应也进行了检验。

### 3.2.3 变革型、交易型领导，组织差序氛围与旅游企业员工亲环境行为：基于团队视角的跨层次模型

基于研究二结论中员工关系、组织灵活氛围正向调节变革型、交易型领导与员工亲环境行为关系的观点，研究三选取了组织差序氛围这一描述我国文化情境下团队领导与成员进行交换模式的变量，对员工关系氛围的调

节作用进行了进一步检验。具体的研究设计包括以下两方面。

一是纳入了内部人身份感知作为变革型、交易型领导与旅游企业员工亲环境关系的另一中介变量,对心理授权与内部人身份感知在两者间起到链式中介的假设进行了检验,进一步深化与丰富了领导风格与员工亲环境行为关系的理论研究。

二是验证了组织差序氛围会对工作调节焦点与旅游企业员工亲环境行为关系产生调节作用。组织差序氛围描述的是团队成员感知到的团队领导者依据关系亲疏的差异程度给予个别成员不同对待的共识程度(刘军,章凯,仲理峰,2009),在组织差序氛围浓厚的情况下,团队成员中存在"圈内"及"圈外"人。研究三中提出高组织差序氛围不但会降低"圈外"员工的心理授权感知,同时也对"圈内"员工的安全与信任感产生负面影响,进而对其两者的亲环境行为均产生阻碍作用(孙继伟,林强,2021)。而在低组织差序氛围中,因没有"内外之分",员工不再会感受到边缘化或随时可能被替代的不安全感,由此对员工心理授权与员工亲环境行为关系起到促进的作用。

综上所述,本研究的整体框架如图 3-2 所示。

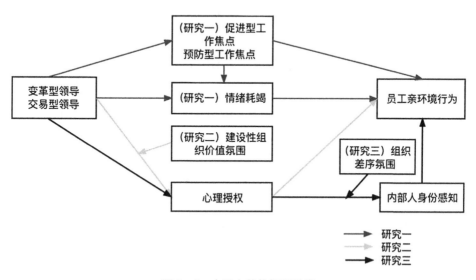

图 3-2　本研究整体框架示意

资料来源：笔者绘制

# 第4章
# 变革/交易型领导与旅游企业员工亲环境行为：基于个体视角的链式中介模型

## 4.1 研究目的

已有研究多探讨绿色人力资源实践、企业社会责任对旅游企业员工亲环境行为的影响，缺乏对领导风格对其作用的应有关注。领导风格是员工行为的关键影响因素，且众多学者也已验证了变革型、交易型领导是员工亲环境行为的显著预测因素(Dyne，Ang，Botero，2003；Robertson，Barling，2017；Temminck，Mearns，Fruhen，2015)。然而，这一影响在旅游领域中的探讨还非常匮乏，且缺少基于员工内在动机视角的两者间作用机制的深入剖析。因此，研究一拟基于个体视角，同时纳入工作调节焦点与情绪耗竭作为中介变量，探索变革型、交易型领导影响旅游企业员工亲环境行为的作用机制。

## 4.2 理论基础与假设推导

### 4.2.1 调节焦点理论

调节焦点理论是由 Higgins 于 1997 年提出的，该理论认为由于潜在的自我调节倾向不同，人们会采取不同的策略去追求快乐和远离痛苦，面对相同情境时也会有不同反应(Higgins，1997)。该理论提出个体调节焦点可分为促进型与预防型两类，前者关注积极结果，对积极结果的出现或缺失敏感，而后者则关注消极结果，对消极结果的出现或缺失敏感（曹元坤，徐红丹，2017）。在管理学领域，学者聚焦工作调节焦点这一特定情境焦点，成果积累已较为丰富（Neubert，Katz-Navon，Delegach，2008）。因领导风格被证实是激发员工工作调节焦点的重要因素（Kark，Katz-Navon，Delegach，2015；Wallace，Chen，2006），研究一将纳入工作调节焦点作为中介因素之一，对领导风格与旅游企业员工亲环境行为间的作用机制进行深入刻画。

### 4.2.2　资源保存理论

资源保存理论（conservation of resouces theory）是由 Hobfoll & Stevan 于 1989 年提出的。该理论指出个体具有保存、保护和获取资源的倾向，当面临现有资源的实际损失或是新资源获取失败时便会引发个体的压力反应（Hobfoll，Stevan，1989）。资源保存理论的基本假设是个体总是努力寻找、获取、保护其所珍视的资源，此种动机来源于人类适应环境、维持生存的基本需要。资源剩余能够提升个人安全感和幸福感，同时，个体也会因为资源的损失或无法获取而导致资源匮乏，从而产生心理压力、紧张感，甚至是情绪耗竭（Freudenberger，1974）。研究一将纳入高情绪劳动引发的情绪耗竭作为另一中介因素，探讨在领导力影响旅游企业员工亲环境行为作用机制中，其与工作调节焦点间可能存在的交互作用。

### 4.2.3　变革型、交易型领导与员工亲环境行为

员工亲环境行为指的是组织中员工实施的有助于环境可持续性或自愿展现的一系列保护生态环境的行为（Ones，Dilchert，2012）。因亲环境行为并未被写入员工工作职责或考核细则中，属于典型的组织公民行为。根据社会交换理论（social exchange theory），员工与领导的高质量交换关系是他们更高工作绩效、更少离职意愿及更多组织公民行为的关键影响因素（Hendrix，Robbins，Miller，et al.，1998）。对变革型领导而言，其倾向于通过树立道德情操方面的榜样作用去激发员工内在的需求，号召他们通过自我实现的方式去完成组织的各类任务目标（Bass，1985）。变革型领导与

员工间通常有着较强的依恋和认同感情,基于组织与自身长期的发展考虑,员工愿意付出额外的时间去开展工作职责之外的组织公民行为。而对交易型领导而言,因其是一种强目的性的领导风格,其提倡明晰的工作奖赏报酬,及对员工的行为进行及时的经济交换或处罚(Bass,1985),两者所建立的是短期的经济利益交换,员工会尽量避免将有限的精力投入组织公民行为相关活动中去。基于以上分析,提出假设:

H1a:变革型领导对员工亲环境行为产生正向作用;

H1b:交易型领导对员工亲环境行为产生负向作用。

### 4.2.4 促进型、预防型工作焦点的中介作用

工作调节焦点可分为促进型和预防型两大类(Gorman,Meri,Overstreet,et al.,2012)。其中促进型工作焦点员工的核心需求是成长与发展,这类员工的特质表现为更积极的情绪,全身心地投入工作,并展现出更多创新行为来实现自身在工作场所中发展的愿望与目标(Higgins,1997)。而预防型工作焦点员工则关注职责与义务,他们的特质表现为回避风险及可能产生损失的行为,有着较强的模糊规避需求(Zhang,Ullrich,van Dick,2015)。领导风格是影响工作调节焦点的关键因素(Lai,Hsu,Li,2018),对变革型领导而言,其在工作表现中倾向于充满乐观和积极的期望(Higgins,Friedman,Harlow,et al.,2001)、着眼于长期的视角(Förster,Higgins,2005),并渴望尝试新事物(Herzenstein,2006)。这会使其下属模仿他们,并继而也在工作中表现出更积极的态度,追求更高层次的结果,也表现出更多的冒险意愿(Brockner,Higgins,2001)。因此,推断具有理想化影响力的变革型领导易于唤起个体的促进型工作焦点,并对预防型工作焦点的产生有着阻碍作用(Neubert,Kacmar,Carlson,et al.,2008;Wu,Mcmullen,Neubert,et al.,2008)。由此,提出假设:

H2a:变革型领导对员工促进型工作焦点产生正向作用;

H2b:变革型领导对员工预防型工作焦点产生负向作用。

而对交易型领导而言,其向员工提供了清晰的规则和标准,并通过密切监测和纠正员工的错误确保短期内成功(Bass,1985)。这些交易性的行为符

合以预防工作为焦点的员工对义务和责任的偏好(Higgins，1997)，对稳定性的偏好(Liberman，Chen，Camacho，et al.，1999)以及对短期细节的偏好(Förster，Higgins，2005)。因此，研究一推断交易型领导鼓励员工以一种维护现状为重点的方式开展他们的工作，会促使员工产生预防型工作焦点，并对促进型工作焦点的产生有着阻碍作用(Delegach，Kark，Katz-Navon，et al.，2017；Hamstra，van Yperen，Wisses，et al.，2014)。由此，提出假设：

H2c：交易型领导对员工促进型工作焦点产生负向作用；

H2d：交易型领导对员工预防型工作焦点产生正向作用。

此外，在已有文献中众多学者都证实了调节工作焦点能显著预测员工组织公民行为。对促进型工作焦点员工而言，他们通常基于"理想自我"的标准，愿意尝试创新行为(Neubert，Kacmar，Carlson，et al.，2008；Neubert，Wu，Roberts，2013)，并乐意于开展超出职位期望外的行为以寻求成长、获得或实现抱负(Higgins，1997)。而预防型工作焦点员工则非常重视安全并遵守规则(Kark，Katz-Navon，Delegach，2015)，他们以警惕和关心的态度对待任务的准确性(Förster，Higgins，Bianco，2003)，并在工作中遵从"应该自我"的法则，其行为策略是以避免负面结果的方式开展行动(Higgins，1997)。因此，这类型的员工会及时关注组织的绩效期望，积极执行组织已有的清晰、明确的规范工作及行为，并极力避免偏离工作角色和组织期望。Neubert团队在其两项研究中，也对预防型工作焦点员工的行为模式进行了实证检验，研究结果表明预防型工作焦点员工对其角色内行为和角色外合规、规范承诺的兑现很重视(Neubert，Kacmar，Carlson，et al.，2008)，但对角色外的工作内容则会尽可能地回避(Neubert，Wu，Roberts，2013)。由此，提出假设：

H5a：促进型工作焦点对员工亲环境行为起到正向作用；

H5b：预防型工作焦点对员工亲环境行为起到负向作用。

综合H2与H5的各项假设，提出假设：

H7a：促进型工作焦点在变革型领导对员工亲环境行为影响上起到中介作用；

H7b：预防型工作焦点在变革型领导对员工亲环境行为影响上起到中

介作用；

H7c：促进型工作焦点在交易型领导对员工亲环境行为影响上起到中介作用；

H7d：预防型工作焦点在交易型领导对员工亲环境行为影响上起到中介作用。

### 4.2.5 情绪耗竭的中介作用

旅游企业所提供的产品大多涉及员工的情绪劳动。比如酒店企业的员工必须时刻以积极、和善的态度为客人提供服务；旅行社的导游需要饱含热情地为客人讲解景区的民俗文化。又如在线旅行社的客服人员，时刻都要应对来自客户的投诉与质疑等。已有文献较少直接建立变革型领导与情绪耗竭的关联性，仅有一项 Green，Miller，Aarons（2013）基于精神卫生领域的研究表明变革型领导对员工情绪耗竭能起到显著的缓解作用。然而，值得关注的是当前变革型领导与员工压力关系的探讨已有丰富积累，众多学者均对两者间的负向影响进行了实证检验（Bycio，Hackett，Allen，1995；Hughes，Avey，Nixon，2010；Stordeur，D'Horore，Vandenberghe，2001）。因压力的释放是阻碍情绪耗竭现象产生的重要前因（House，1977），研究一推断变革型领导能够对员工的情绪耗竭起到缓解作用，即两者间存在负相关性。由此，提出假设：

H3a：变革型领导对情绪耗竭起到负向作用。

对于交易型领导而言，其运用严格的权变奖酬、主动例外管理和被动例外管理方式，对其下属员工进行行为管理与塑造（Hater，Bass，1988）。Jiang，Bohle，Roche，et al.（2018）形象地将交易型领导比作一位权威的家长。原因包括交易型领导存在明确工作要求，以便下属达到商定的绩效预测，这与家长向孩子提出他们的期望，并交流这些期望背后的原因（Baumrind，1967）非常相似；交易型领导会使用明确的交换规则来促进任务被不折不扣地完成。权威型家长同样也会坚定不移地指导孩子的各项活动（Vroom，1964）；还有，交易型领导给予的奖励和认可取决于员工是否成功地执行了他们的任务。权威型家长则监督其孩子的活动，并对孩子想要和不想要的行为做出反应

(Baumrind，1991)等。因此，研究一推断交易型领导虽能及时对员工的努力及成就进行肯定与奖励(Waldman，Bass，Yammarino，1990)，但其存在的绝对权威性会让企业员工感知到自主权利和资源的剥夺(Huang，Lin，2021；Seltzer，Numerof，Bass，1989)，继而加剧情绪耗竭的现象。由此，提出假设：

H3b：交易型领导对情绪耗竭起到正向作用。

与此同时，情绪耗竭会带来员工工作满意度、创新行为与工作绩效的下降，同知识隐藏、工作—家庭冲突，甚至离职等消极员工行为(Restubog，2015；Tourigny，Baba，Han，et al.，2013；张信勇，冯君萍，2022；李霞，刘海真，李强，2021；张少峰，张彪，卜令通，等，2021；杨刚，高梦竹，纪谱华，等，2021；邓娜，孙烨超，2021)。也有不少学者对情绪耗竭与员工组织公民行为间的关系进行专题讨论，并通过实证数据的采集检验了两者同样存在负相关性(Lylod，2013；Cropanzano，Rupp，Byrne，2003；刘轩，包海兰，章建石，2006；王晓辰，夏冰楠，李清，等，2021)。因此员工亲环境行为隶属于组织公民行为，提出假设：

H6：情绪耗竭对员工亲环境行为起到负向作用。

综合 H3 和 H6 的各项假设，提出假设：

H8a：情绪耗竭在变革型领导对员工亲环境行为影响上起到中介作用；

H8b：情绪耗竭在交易型领导对员工亲环境行为影响上起到中介作用。

## 4.2.6　工作调节焦点与情绪耗竭的链式中介作用

进一步，工作调节焦点也是员工情绪耗竭的关键前置因素。对促进型工作焦点员工而言，因自身具有追求成就和理想的倾向，在工作中通常将注意力聚焦于实现正向的结果上，这使他们倾向于在组织环境中感知更多的收获及更少的消极结果，并使其时常经历高激活的积极情绪(Brockner，Higgins，2001)。Idson，Liberman，Higgins(2004)通过实证检验指出促进型焦点员工会因对未来晋升目标的坚信，持续产生欢欣鼓舞的积极情绪。又如，Koopman，Lanaj，Scott(2016)认为促进型工作焦点员工在对理想和未来追逐的进程中会产生大量的积极情绪，这些积极情绪会对高压力所导致的资源损失进行及时补给，从而降低员工本身的情绪耗竭水平。

对预防型工作焦点员工而言,因其有着对消极结果的高敏感性,他们会倾向于在环境中感知到更多的损失与更少的积极结果,并随后产生强烈的负面情绪(Brockner,Higgins,2001)。更有研究表明,对于预防型工作焦点的员工来说,仅是对负面结果的想象就会导致其产生焦虑情绪(Idson,Liberman,Higgins,2004),加剧情绪耗竭(Tice,Bratslavsky,2000)。由此,提出假设:

H4a:促进型工作焦点对情绪耗竭有负向作用;

H4b:预防型工作焦点对情绪耗竭有正向作用。

综合以上的各项假设,提出假设:

H9a:促进型工作焦点、情绪耗竭在变革型领导对旅游企业员工亲环境行为影响上起到链式中介作用;

H9b:促进型工作焦点、情绪耗竭在交易型领导对旅游企业员工亲环境行为影响上起到链式中介作用;

H9c:预防型工作焦点、情绪耗竭在变革型领导对旅游企业员工亲环境行为影响上起到链式中介作用;

H9d:预防型工作焦点、情绪耗竭在交易型领导对旅游企业员工亲环境行为影响上起到链式中介作用。

综上,研究一的研究框架模型如图 4-1 所示。

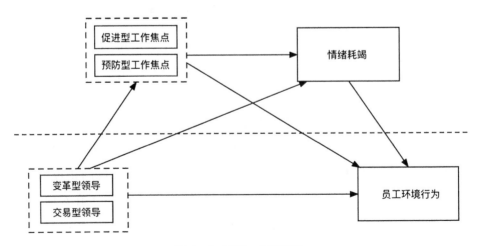

**图 4-1 研究一框架模型**

## 4.3　研究方法

### 4.3.1　研究样本

本书选取了我国长三角地区的 17 家四星级、9 家五星级酒店，以及 10 家旅行社和 6 家景区企业，研究对象为来自以上 42 家企业的一线、基层以及中阶主管（除高层领导之外）。根据 Nunnally（1967）的样本收集原则，每个测试题项应有 10 名参与者来计算所需的样本量，鉴于本研究模型使用 66 个量表项目，理想的样本量应该大于 660。本研究设定于 2011 年 1 月 3 日至 1 月 31 日开展，共收集 1 126 份问卷，调查问卷现场收回后逐个核查，对于缺失项目超过 15%、某一个测量变量全部缺失，或者关键变量的题项存在缺失的，均剔除整条数据（Hair，Hult，Ringle，2022）。最终获得有效问卷 935 份，有效率为 83.04%，其中男性占 45.7%，女性占 54.3%；年龄中，小于 20 岁的占 7.4%，21～29 岁的占 30.8%，30～39 岁的占 28.7%，40～49 岁的占 23.6%，50 岁以上的占 9.5%；学历方面，专科以下占 25.3%，大学专科占 44.6%，大学本科占 28%，硕士及以上占 2%；工作年限上，小于 1 年占 14.3%，1～3 年占 21.3%，4～6 年占 13.9%，7～9 年占 19.1%，10 年以上占 31.3%；职位中，一般职员占 54%，基层主管占 26.5%，中层主管占 19.5%。

### 4.3.2　变量测量

采用电子问卷的形式发放问卷，所有量表均来自国内外的核心期刊，本书遵循反向翻译的原则（Brislin，1973）对原始量表进行翻译，将翻译形成的量表在 30 名酒店实习生中进行了一次预测试。根据预测试中实习生的反馈，对语义不明或存在歧义的题项进行再次修改，以保证研究中的问卷测量效度。所有题项均以李克特 5 点尺度进行测量，1 代表"非常不同意"，程度不断向前推进，5 代表"非常同意"。

（1）变革型领导。采用了 Bass，Avolio（1989）的 20 项维度作为变革型领导量表。该项量表包括领导魅力(CH)、个人关怀(IC)和智力刺激(IS)3 个子维度。其中领导魅力共 12 个题项,包括"不贪图私利""能获得我的尊重""具有权威与自信"等。个人关怀共 4 个题项,包括"有个性化关注""有关注到你的优点"等。智力刺激共 4 个题项,包括"审视假设""寻找不同观点"等。变革型领导的克朗巴哈系数为 0.939,其中,领导魅力、个人关怀和智力刺激维度的克朗巴哈系数分别为 0.942、0.867 和 0.832。

(2) 交易型领导。采用 Bass,Avolio(1989)的 16 项维度作为交易型领导量表。该项量表包括权变奖励(CR)、例外管理(MA)和被动型领导(PA)3 个子维度。其中权变奖励共 4 个题项,包括"会阐明奖励""会基于努力提供协助"等。例外管理共 4 个题项,包括"会关注你的错误""会解决问题"等。被动型领导共 8 个题项,包括"当问题严重时才采取行动""失败后采取行动"等。交易型领导的克朗巴哈系数为 0.914,其中,权变奖励、例外管理和被动型领导维度的克朗巴哈系数分别为 0.886、0.856 和 0.922。

(3) 促进型工作焦点。采用 Neubert,Kacmar,Carlson,et al.(2008)的 9 项维度作为促进型工作焦点的量表。该项量表包括收获(GA)、成就(AC)和理想(ID)3 个子维度。其中收获共 3 个题项,包括"我抓住机会工作以达到晋升的最大目标""为了取得成功,我倾向于在工作中冒险"等。成就共 3 个题项,包括"如果我的工作不允许我晋升,我想找一份新的工作""在找工作时,成长的机会对我来说是一个重要的因素"等。理想共 3 个题项,包括"我花了大量的时间想象如何实现我的抱负""我的工作优先级取决于我渴望成为什么样的人"等。促进型工作焦点的克朗巴哈系数为 0.856,其中,收获、成就和理想维度的克朗巴哈系数分别为 0.842、0.762 和 0.778。

(4) 预防型工作焦点。采用 Neubert,Kacmar,Carlson,et al.(2008)的 9 项维度作为预防型工作焦点的量表。该项量表包括安全(SE)、损失(LO)和责任(OU)3 个子维度。其中安全共 3 个题项,包括"我专注于正确完成工作任务,以增加工作安全感""在工作中,我经常专注于完成那些能够满足我安全感需求的任务"等。损失共 3 个题项,包括"我尽我所能避免工作上的损失""我的注意力集中在避免工作失败上"等。责任共 3 个题项,包括"在工作中,我集中精力完成分配给我的任务""对我来说,履行工作职责是很重要的"等。预防型工作焦点的克朗巴哈系数为 0.884,其中,安全、损失和责任维度的克朗巴哈系数分别为 0.820、0.824 和 0.779。

(5) 情绪耗竭。采用 Maslach,Susan(1981)的单一维度 6 题量表作为情绪耗竭量表,题项包括"工作让我感觉身心疲惫""每天下班的时候,我都感觉精疲力竭""我害怕早上起来面对又一天的工作"等,情绪耗竭的克朗巴哈系数为 0.895。

(6) 员工亲环境行为。采用 Bissing-Olson,Iyer,Fielding,et al.(2013)的单一维度 6 题项量表作为员工亲环境行为量表。题项包括"今天,我以环保的方式完成了分配的任务""今天,我以环保的方式履行了工作职责"等。员工亲环境行为的克朗巴哈系数为 0.883。

(7) 控制变量。选取以下五大变量作为本次实验研究的控制变量,依次是被试的性别、年龄、学历、工作年限和职级。年龄分为 5 组,分别为小于20 岁、21～29 岁、30～29 岁、40～49 岁及 50 岁以上。最高学历分为 4 组,分别为专科以下、大学专科、大学本科、硕士及以上。工作年限分为 5 组,分别为小于 1 年、1～3 年、4～6 年、7～9 年及大于 10 年;职级分为 3 组,分别为一般职员、基层主管及中级主管。

### 4.3.3 数据分析方法

采用 SPSS26.0 与 Mplus8.3 软件对数据进行统计分析,分为以下三个步骤开展。

(1) 样本基本特征的描述性分析。对于数值型变量采用均数和标准差进行描述,对于分类变量采用频数和百分比进行描述。

(2) 问卷结构或数据质量的分析。首先,对数据题项分值进行项目分析,评估区分度。其次,运用 Harman 单因素检验法作为共同方法偏差的检验方法。将克朗巴哈系数作为信度测量指标。最后,通过探索性因子分析和验证性因子分析探讨量表的效度,用 CR 和 AVE 分别检测组合信度和收敛效度,并建立多个验证性因子分析模型呈现拟合度从单因子模型到基准模型的收敛过程,参照 Fornell-Larcker 准则比较改变量 AVE 开方值与其他变量的相关性系数,探讨各概念的区分效度。

(3) 研究假设的验证。通过 Mplus 软件建立潜变量结构方程模型,探讨促进型工作焦点、预防型工作焦点、情绪耗竭在变革型领导、交易型领导与亲环境行为间的链式中介作用,并通过 Bootstrap 法迭代 5 000 次估计总效应、直接效应以及中介效应置信区间。

## 4.4 数据分析结果

### 4.4.1 共同方法偏差

共同方法偏差是指因为同样的数据来源或评分者,同样的测量环境、题目语境以及题目本身特征所造成的预测变量与效标变量之间人为的共变。这种人为的共变对研究结果产生严重的混淆并对结论有潜在的误导,是一种系统误差(周浩,龙立荣,2004)。本研究的变革型、交易型领导,工作调节焦点,情绪耗竭与亲环境行为的数据均来源于员工自我报告,因此有必要对共同方法偏差进行检验。采用 Harman 单因子检验法,对测量题项进行未旋转的探索性因素分析(EFA),结果显示共抽取出 17个因子,且第一个因子的方差解释率为 19.807%,小于 50%,故认为本研究涉及主要变量的共同方法偏差问题不严重(Podsakoff,MacKenzie,Lee,et al.,2003)。

### 4.4.2 信效度分析

本研究中各变量的克朗巴哈系数均大于 0.7,具有良好的信度。为了考察变革型领导、交易型领导、促进型工作焦点、预防型工作焦点、情绪耗竭和员工亲环境行为之间的区分效度,采用 Mplus8.3 进行验证性因子分析。如表 4-1 所示,假设的 6 因子模型拟合度良好且明显优于其他备选模型($\chi^2/df=1.463<5$, $RMSEA=0.022<0.08$, $CFI=0.988>0.9$, $TLI=0.987>0.9$),说明各变量之间区分效度较好(Kline,2015;吴明隆,2010)。

表4-1 研究一验证型因子分析结果

| 变量<br>模型 | $\chi^2$ | $df$ | $\chi^2/df$ | RMSEA | SRMR | CFI | TLI |
|---|---|---|---|---|---|---|---|
| 6因子模型 | 346.804 | 237.000 | 1.463 | 0.022 | 0.023 | 0.988 | 0.987 |
| 5因子模型 | 773.122 | 242.000 | 3.195 | 0.048 | 0.041 | 0.944 | 0.937 |
| 4因子模型 | 1 584.949 | 246.000 | 6.443 | 0.076 | 0.086 | 0.860 | 0.843 |
| 3因子模型 | 3 113.049 | 249.000 | 12.502 | 0.111 | 0.104 | 0.700 | 0.667 |
| 2因子模型 | 3 190.229 | 251.000 | 12.710 | 0.112 | 0.084 | 0.692 | 0.661 |
| 1因子模型 | 3 638.593 | 252.000 | 14.439 | 0.120 | 0.091 | 0.645 | 0.611 |
| Criteria | | | $<5$ | $<0.08$ | $<0.08$ | $>0.9$ | $>0.9$ |

注：TFL变革型领导、TAL交易型领导、PREV预防型工作焦点、PROM促进型工作焦点、EE情绪耗竭、EB员工亲环境行为。6因子模型，TFL、TAL、PREV、PROM、EE、EB；5因子模型，TFL+TAL、PREV、PROM、EE、EB；4因子模型，TFL+TAL、PREV+PROM、EE、EB；3因子模型，TFL+TAL、PREV+PROM、EE+EB；2因子模型，TFL+TAL+PREV+PROM、EE+EB；1因子模型，TFL+TAL+PREV+PROM+EE+EB；"+"表示两因子合并。

## 4.4.3 变量相关性分析

采用SPSS26.0对各变量进行了相关性分析，结果如表4-2所示。

表4-2 研究一变量相关性分析

| 变量 | Mean | SD | 1 | 2 | 3 | 4 | 5 | 6 |
|---|---|---|---|---|---|---|---|---|
| 1变革型领导 | 4.075 | 0.531 | 1 | | | | | |
| 2交易型领导 | 3.418 | 0.729 | −0.266** | 1 | | | | |
| 3预防型工作<br>焦点 | 4.119 | 0.681 | −0.295** | 0.347** | 1 | | | |
| 4促进型工作<br>焦点 | 3.795 | 0.583 | 0.418** | −0.385** | −0.173** | 1 | | |
| 5情绪耗竭 | 3.571 | 0.905 | −0.433** | 0.311** | 0.365** | −0.389** | 1 | |
| 6员工亲环境<br>行为 | 4.055 | 0.575 | 0.435** | −0.370** | −0.336** | 0.459** | −0.497** | 1 |

注：** 表示 $P<0.01$。TFL变革型领导、TAL交易型领导、PREV预防型工作焦点、PROM促进型工作焦点、EE情绪耗竭、EB环境行为。

### 4.4.4 假设检验

#### 4.4.4.1 直接效应的检验

对于促进型工作焦点、预防型工作焦点、情绪耗竭在变革型领导、交易型领导与员工亲环境行为间的链式中介作用,通过 Mplus8.3 建立潜变量结构方程模型,纳入变革型领导、交易型领导作为自变量,促进型工作焦点、预防型工作焦点、情绪耗竭作为中介变量,员工亲环境行为作为结局变量,并进一步通过 Bootstrap 法,迭代 5 000 次,估计中介效应量;结构方程模型拟合指数为: $\chi^2/df=1.415<5$, $RMSEA=0.024<0.08$, $CFI=0.988>0.9$, $TLI=0.986>0.9$,结构方程模型拟合指数均达到拟合标准,故认为结构方程模型能够得到数据支撑,结构方程模型结构佳。本研究的 Mplus 模型检验的结果如图 4-2 所示。

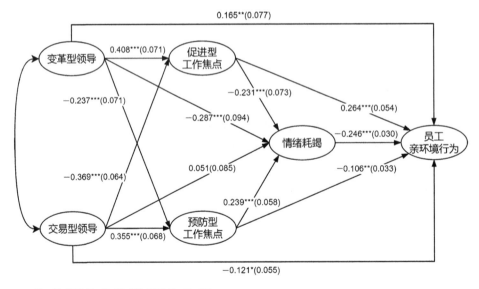

注: ** 表示 $P<0.01$, *** 表示 $P<0.001$。

**图 4-2 Mplus 对研究一模型的检验结果**

变革型领导对亲环境行为存在显著正向影响( $P<0.05$,标准化路径系数=0.165),假设 H1a 成立;交易型领导对亲环境行为存在显著负向影响( $P<0.05$,标准化路径系数=−0.121),假设 H1b 成立。

变革型领导对预防型工作焦点存在显著负向影响（$P<0.001$，标准化路径系数$=-0.237$），假设 H2b 成立；交易型领导对预防型工作焦点存在显著正向影响（$P<0.001$，标准化路径系数$=0.355$），假设 H2d 成立；变革型领导对促进型工作焦点存在显著正向影响（$P<0.001$，标准化路径系数$=0.408$），假设 H2a 成立；交易型领导对促进型工作焦点存在显著负向影响（$P<0.001$，标准化路径系数$=-0.369$），假设 H2c 成立。变革型领导对情绪耗竭存在显著负向影响（$P<0.001$，标准化路径系数$=-0.287$），假设 H3a 成立；交易型领导对促进型工作焦点不存在影响（$P>0.05$），假设 H3b 不成立。预防型工作焦点对情绪耗竭存在显著正向影响（$P<0.001$，标准化路径系数$=0.239$），假设 H4b 成立；促进型工作焦点对情绪耗竭存在显著负向影响（$P<0.001$，标准化路径系数$=-0.231$），假设 H4a 成立。预防型工作焦点对亲环境行为存在显著负向影响（$P<0.001$，标准化路径系数$=-0.106$），假设 H5b 成立；促进型工作焦点对亲环境行为存在显著正向影响（$P<0.05$，标准化路径系数$=0.264$），假设 H5a 成立；情绪耗竭对亲环境行为存在显著负向影响（$P<0.001$，标准化路径系数$=-0.246$），假设 H6 成立。

### 4.4.4.2　变革型领导与员工亲环境行为的中介效应检验

对促进型工作焦点、预防型工作焦点、情绪耗竭在变革型领导对员工亲环境行为间中介作用进行探讨，采用 Bootstrap 法迭代 5 000 次估计中介效应量，所得结果如表 4-3 所示。预防型工作焦点在变革型领导与员工亲环境行为之间中介效应置信区间为[0.008，0.047]，不包含 0，预防型工作焦点在变革型领导与员工亲环境行为之间中介作用显著，且中介效应量为 0.025，假设 H7b 成立；促进型工作焦点在变革型领导与员工亲环境行为之间中介效应置信区间为[0.064，0.163]，不包含 0，促进型工作焦点在变革型领导与员工亲环境行为之间中介作用显著，且中介效应量为 0.108，假设 H7a 成立；情绪耗竭在变革型领导与员工亲环境行为之间中介效应置信区间为[0.042，0.107]，不包含 0，情绪耗竭在变革型领导与员工亲环境行为之间中介作用显著，且中介效应量为 0.071，假设 H8a 成立；预防型工作焦点、情绪耗竭在变革型领导与员工亲环境行为间链式中介效应的置信区间为[0.008，0.024]，不包含 0，预防型工作焦点、情绪耗竭在变革型领导与员工亲环境行为间发挥链式中介作用显著,且中介效应量为0.014,假设H9c成立。促进型工作焦点、情绪耗竭在变革型领导与员工亲环境行为间链式中介效应的置信区间为[0.013,0.039],不包含0,促进型工作焦点、情绪耗竭在变革型领导与员工亲环境行为间发挥链式中介作用显著,且中介效应量为0.022,假设H9a成立。

表4-3  变革型领导对员工亲环境行为的中介效应量估计

|  | 估计值 | 标准误 | 95%LCI | 95%UCI | 相对比(%) |
|---|---|---|---|---|---|
| 总效应 | 0.405 | 0.046 | 0.313 | 0.494 | — |
| 直接效应 | 0.165 | 0.056 | 0.057 | 0.277 | 40.74 |
| 总间接效应 | 0.240 | 0.033 | 0.178 | 0.305 | 59.26 |
| 变革型领导—预防型工作焦点—员工亲环境行为 | 0.025 | 0.010 | 0.008 | 0.047 | 6.17 |
| 变革型领导—促进型工作焦点—员工亲环境行为 | 0.108 | 0.025 | 0.064 | 0.163 | 26.67 |
| 变革型领导—情绪耗竭—员工亲环境行为 | 0.071 | 0.017 | 0.042 | 0.107 | 17.53 |
| 变革型领导—预防型工作焦点—情绪耗竭—员工亲环境行为 | 0.014 | 0.004 | 0.008 | 0.024 | 3.46 |
| 变革型领导—促进型工作焦点—情绪耗竭—员工亲环境行为 | 0.022 | 0.006 | 0.013 | 0.039 | 5.43 |

### 4.4.4.3  交易型领导与员工亲环境行为的中介效应检验

进一步,对于促进型工作焦点、预防型工作焦点、情绪耗竭在交易型领导对员工亲环境行为间中介作用而言,采用Bootstrap法迭代5 000次估计中介效应量,结果如表4-4所示。预防型工作焦点在交易型领导与员工亲环境行为之间中介效应置信区间为[-0.070,-0.014],不包含0,预防型工作焦点在交易型领导与员工亲环境行为之间中介作用显著,且中介效应量为-0.038,假设H7d成立;促进型工作焦点在交易型领导与员工亲环行为之间中介效应置信区间为[-0.148,-0.058],不包含0,促进型工作焦点在交易型领导与员工亲环境行为之间中介作用显著,且中介效应量为-0.097,假设H7c成立;情绪耗竭在交易型领导与员工亲环境行为之间中介效应置信区间为[-0.040,0.012],包含0,情绪耗竭在交易型领导与员工亲环境行为之间中介作用不显著,假设H8a不成立;预防型工作焦点、情绪耗竭在交易型领导与员工亲环境行为间链式中介效应的置信区间为[-0.037,-0.011],不包含0,预防型工作焦点、情绪耗竭在交易型领导与员工亲环境行为间发挥链式中介作用显著,且中介效应量为-0.021,假设H9b成立。促进型工作焦点、情绪耗竭在交易型领导与员工亲环境行为间链式中介效应的置信区间为[-0.036,-0.011],不包含0,促进型工作焦点、情绪耗竭在交易型领导与员工亲环境行为间发挥链式中介作用显著,且中介效应量为-0.021,假设H9d成立。

表4-4 交易型领导对员工亲环境行为的中介效应量估计

| | 估计值 | 标准误 | 95%LCI | 95%UCI | 相对比(%) |
|---|---|---|---|---|---|
| 总效应 | -0.310 | 0.038 | -0.383 | -0.234 | — |
| 直接效应 | -0.121 | 0.045 | -0.210 | -0.035 | 39.03 |
| 总间接效应 | -0.189 | 0.032 | -0.260 | -0.130 | 60.97 |
| 交易型领导—预防型工作焦点—员工亲环境行为 | -0.038 | 0.014 | -0.070 | -0.014 | 12.26 |
| 交易型领导—促进型工作焦点—员工亲环境行为 | -0.097 | 0.023 | -0.148 | -0.058 | 31.29 |
| 交易型领导—情绪耗竭—员工亲环境行为 | -0.012 | 0.013 | -0.040 | 0.012 | 3.87 |
| 交易型领导—预防型工作焦点—情绪耗竭—员工亲环境行为 | -0.021 | 0.006 | -0.037 | -0.011 | 6.77 |
| 交易型领导—促进型工作焦点—情绪耗竭—员工亲环境行为 | -0.021 | 0.006 | -0.036 | -0.011 | 6.77 |

## 4.5 研究一结论与讨论

基于调节焦点理论和资源保存理论,研究一建立了领导风格影响旅游企业员工亲环境行为的链式中介模型,选择了我国长三角地区的 42 家企业的一线员工及基层、中层管理者作为调研对象,运用问卷星采集有效问卷 935 份,并在此基础上进行了假设检验。研究结果包括以下三点。一是变革型、交易型领导是旅游企业员工亲环境行为的重要前置变量。变革型领导会对旅游企业员工亲环境行为产生显著的促进作用,而交易型领导则反之。二是工作调节焦点与情绪耗竭分别在变革型、交易型领导与旅游企业员工亲环境行为间起到中介作用。变革型领导通过正向影响促进型工作焦点(负向影响预防型工作焦点)或缓解员工情绪耗竭,对旅游企业员工亲环境行为起到正向作用;交易型领导则通过正向影响预防型工作焦点(负向影响促进型工作焦点)或加重员工情绪耗竭,对旅游企业员工亲环境行为起到负向作用。三是工作调节焦点与情绪耗竭在变革型、交易型领导与旅游企业员工亲环境行为间起到链式中介作用。变革型领导通过正向影响促进型工作焦点(负向影响预防型工作焦点)并缓解员工情绪耗竭,对旅游企业员工亲环境行为起到正向作用;交易型领导则通过正向影响预防型工作焦点(负向影响促进型工作焦点)并加剧员工情绪耗竭,对旅游企业员工亲环境行为起到负向作用。本章的研究结果梳理如表 4-5 所示。

表 4-5 研究一假设与检验结果汇总

| 编号 | 假　设 | 结　论 |
|------|--------|--------|
| H1a | 变革型领导对员工亲环境行为产生正向作用 | 支持 |
| H1b | 交易型领导对员工亲环境行为产生负向作用 | 支持 |
| H2a | 变革型领导对员工促进型工作焦点产生正向作用 | 支持 |
| H2b | 变革型领导对员工预防型工作焦点产生负向作用 | 支持 |

续　表

| 编号 | 假　　　设 | 结　论 |
|---|---|---|
| H2c | 交易型领导对员工促进型工作焦点产生负向作用 | 支持 |
| H2d | 交易型领导对员工预防型工作焦点产生积极作用 | 支持 |
| H3a | 变革型领导对情绪耗竭起到负向作用 | 支持 |
| H3b | 交易型领导对情绪耗竭起到正向作用 | 不支持 |
| H4a | 促进型工作焦点对情绪耗竭起到负向作用 | 支持 |
| H4b | 预防型工作焦点对情绪耗竭起到正向作用 | 支持 |
| H5a | 促进型工作焦点对员工亲环境行为起到正向作用 | 支持 |
| H5b | 预防型工作焦点对员工亲环境行为起到负向作用 | 支持 |
| H6 | 情绪耗竭对员工亲环境行为起到负向作用 | 支持 |
| H7a | 促进型工作焦点在变革型领导对员工亲环境行为影响上起到中介作用 | 支持 |
| H7b | 预防型工作焦点在变革型领导对员工亲环境行为影响上起到中介作用 | 支持 |
| H7c | 促进型工作焦点在交易型领导对员工亲环境行为影响上起到中介作用 | 支持 |
| H7d | 预防型工作焦点在交易型领导对员工亲环境行为影响上起到中介作用 | 支持 |
| H8a | 情绪耗竭在变革型领导对员工亲环境行为影响上起到中介作用 | 支持 |
| H8b | 情绪耗竭在交易型领导对员工亲环境行为影响上起到中介作用 | 不支持 |
| H9a | 促进型工作焦点、情绪耗竭在变革型领导对员工亲环境行为影响上起到链式中介作用 | 支持 |
| H9b | 促进型工作焦点、情绪耗竭在交易型领导对员工亲环境行为影响上起到链式中介作用 | 支持 |
| H9c | 预防型工作焦点、情绪耗竭在变革型领导对员工亲环境行为影响上起到链式中介作用 | 支持 |
| H9d | 预防型工作焦点、情绪耗竭在交易型领导对员工亲环境行为影响上起到链式中介作用 | 支持 |

（1）基于社会交换理论提出员工是能通过对领导风格进行感知并调整其相应的态度和行为的。通过对变革型、交易型领导与旅游企业员工亲环境行为间存在的直接效应进行假设并实证验证，研究结论表明领导风格对员工亲环境行为的正向作用在旅游企业中是同样存在的。因此，旅游企业除完善环保制度、开展培训等措施外，还应充分反思是否来自领导行为的因素对员工亲环境行为产生了负向的影响。

（2）现有研究提出促进型工作焦点员工关注企业长期利益，更可能积极地开展组织公民行为，预防型工作焦点员工则反之（Higgins，1997；Neubert，Kacmar，Carlson，et al.，2008；Neubert，Wu，Roberts，2013）。但将工作调节焦点与员工亲环境行为直接建立关联的研究较为少见，更是缺乏对该议题在旅游企业中的探索。基于个人调节焦点理论，研究一验证了工作调节焦点是领导风格与员工亲环境行为关系的中介变量的假设，从侧面印证了亲环境行为对旅游企业员工而言是职责之外的组织公民行为，这也解释了为何目前企业内部已有较为完备的环保制度与培训，但目前内部环境效率仍较为低下的背后逻辑。

（3）基于资源保存理论，验证了情绪耗竭在领导风格与旅游企业员工亲环境行为之间的中介作用。然而，研究结果并未支持交易型领导正向影响情绪耗竭的假设，由此情绪耗竭在交易型领导对旅游企业员工亲环境行为的负向影响上起到中介作用的假设也并不成立。另一个有意思的发现是，研究数据显示旅游企业员工情绪耗竭题项均值为 3.57，该分值高于 5 级李克特量表中"不确定"的 3 分，表明了目前我国旅游企业的员工的确面临着显著的员工情绪耗竭挑战。

综上所述，研究一结论基于工作调节焦点理论和资源保存理论，验证了变革型与交易型领导均是影响旅游企业员工亲环境行为的重要预测因素，并构建了工作调节焦点与情绪耗竭作为两大中介因素的链式中介模型，对理论与实践均具有一定借鉴意义。

# 第5章
# 变革/交易型领导、建设性组织价值氛围与旅游企业员工亲环境行为：基于团队视角的跨层次模型

## 5.1 研究目的

组织氛围是组织成员对所体验到的事件、政策、实践和过程，及对被奖励、支持和期望行为的共同感知，是员工行为的关键影响因素（Ehrhart，Schneider，Macey，2014）。已有研究将组织氛围分为一般组织氛围与特定组织氛围两类，前者是员工对组织环境整体属性的感知，而后者则为具有特定指向的如公平氛围、伦理氛围和创新氛围等的感知（张晓怿，王云峰，于巍，等，2016）。已有组织氛围影响员工亲环境行为的研究主要聚焦对绿色心理氛围这一特定组织氛围的探讨，虽其具有与结果变量联系更为紧密的优势，但也存在对组织环境整体及惯常属性缺乏关注的缺陷。因此，本章拟循着研究一中对变革型、交易型领导影响旅游企业员工亲环境行为的研究框架，引入心理授权与建设性价值氛围分别作为中介与调节变量，探究变革型、交易型领导、建设性组织价值氛围对旅游企业员工亲环境行为影响的跨层次作用机制。

## 5.2 理论基础与假设推导

### 5.2.1 自我决定理论

自我决定理论是由 Deci，Ryan 在 1985 年提出的，该理论认为个体在

进行活动时会关注自我意识,并根据行为的动机选择性地进行活动,此时个体具有自主性动机(Deci,Ryan,2000)。以往的员工亲环境行为研究多从社会交换理论入手,认为员工是否开展组织公民行为主要取决于外部激励,忽略了外部激励所带来的提升可能仅具有短暂性的显著弊端。因此,本研究拟基于自我决定理论,从旅游企业员工的内在决定性动机入手,倡导由心理授权的加强带动员工亲环境行为绩效的提升。

### 5.2.2 社会信息加工理论

社会信息加工理论是由 Salancik,Pfeffer 在 1978 年提出的,该理论认为个体是适应性的有机体,会根据环境所提供的线索来理解和解释自己和他人的行为,并依据获得的信息调整自己的态度和行为。因此,社会信息加工理论强调语境的影响和过去选择的后果,而不是个体的倾向和理性决策过程(Salancik,Pfeffer,1978),该理论可以很好地解释组织氛围在塑造员工特定行为中所发挥的关键作用。具体到本研究,其可作为建设性价值氛围影响领导风格与员工亲环境行为关系的重要理论基础。

### 5.2.3 变革型、交易型领导与员工亲环境行为

员工亲环境行为指的是组织中员工实施的有助于环境可持续性或自愿展现的一系列保护生态环境的行为(Ones,Dilchert,2012)。因亲环境行为并未被写入员工工作职责或考核细则中,属于典型的组织公民行为。根据社会交换理论,员工与领导的高质量交换关系是他们更高工作绩效、更少离职意愿及更多组织公民行为的关键影响因素(Hendrix,Robbins,Miller,et al.,1998)。对变革型领导而言,其倾向于通过树立道德情操方面的榜样作用去激发员工内在的需求,号召他们通过自我实现的方式去完成组织的各类任务目标(Bass,1985)。变革型领导与员工间通常有着较强的依恋和认同感情,基于组织与自身长期的发展考虑,员工愿意付出额外的时间去开展工作职责之外的组织公民行为。而对交易型领导而言,因其是一种强目的性的领导风格,其提倡明晰的工作奖赏报酬,及对员工的行为进行及时的经济交换或处罚(Bass,1985),两者所建立的是短期的经济利益

交换，员工会尽量避免将有限的精力投入组织公民行为相关活动中去。基于以上分析，提出假设：

H1a：变革型领导对员工亲环境行为产生正向作用；

H1b：交易型领导对员工亲环境行为产生负向作用。

### 5.2.4　心理授权的中介作用

领导风格被证实是影响员工心理授权的重要因素（Seibert，Wang，Courtright，2011）。目前变革型领导对员工亲环境行为的影响已有专门性研究（Piccolo，Colquitt，2006；Wright，Moynihan，Pandey，2012；Pradhan，Panda，Jena，2017），早期学界基于思辨理论演绎提出变革型领导因能将企业愿景与员工自我概念紧密关联，强调员工的独立性并给予员工较高的信任，会对其心理授权产生促进作用（Shamir，House，Arthur，1993；Shamir，1991；Podsakoff，Mackenzie，Moorman，et al.，1990）。随后，两者间正向关系的实证研究也得到进一步积累，如 Kark，Shamir，Chen（2003）研究便发现变革型领导对心理授权产生的积极作用并非通过员工对领导者个人认同形成，而是基于其对组织整体社会认同实现的。Avolio，Zhu，Koh，et al.（2004）的研究也指出变革型领导会通过正向影响员工心理授权，达成提升组织承诺、工作绩效等系列正向效应，这一结论与此后的众多学者的研究结论是相一致（Tsang，Du，Teng，2022；Bin，Alfayez，2021；Dust，Resick，Mawritz，2014）。由此，提出假设：

H10a：变革型领导对心理授权产生正向作用。

而对交易型领导而言，学界普遍认为其与心理授权间有着负向关联性（Bian，Sun，Zuo，et al.，2019；Tung，2016）。交易型领导倾向于回避风险，通过权变奖励和例外管理与员工进行交换和工作引导（Burns，1978），是一种上级制定与监管，下级执行与服从的领导方式（Bass，1985）。因此，交易型领导虽能通过领导—成员交换对组织绩效与部分员工行为产生积极影响，但也会因心理授权的损耗对员工自愿性行为产生消极影响（Young，Glerum，Joseph，et al.，2021）。由此，提出假设：

H10b：交易型领导对心理授权产生负向作用。

另外，高心理授权的员工通常拥有更高的决策权和优越感，他们秉持着有义务去奉献组织、帮助他人，通过自身努力使组织绩效得到提升的想法，更多地开展工作职责外的组织公民行为以推动组织长期的发展（刘云，石金涛，2010）。已有研究中，Spreitzer（1995）最早验证了高心理授权员工会对组织内未来发展的建设性改变感到有责任及担当，并因此愿意付出额外努力去开展组织公民行为的观点。随后，Jaleh，Farashah，Mehdi（2014）也指出，心理授权是员工个人—组织匹配度即个人—工作匹配度与组织公民行为的重要中介变量。又如 Newman，Schwaarz，Cooper，et al.（2017）通过对服务性领导开展的研究，指出心理授权的提升能显著激发员工频繁地开展组织公民行为。Ma，Zhang，Xu，et al.（2021）则基于酒店企业情境，检验了心理授权与前台员工组织公民行为的正相关性。可见，心理授权与组织公民行为具有正相关性的研究结论已有了较完备的理论基础。然而，目前心理授权与员工亲环境行为关系的专门研究还很少见。因员工亲环境行为隶属于组织公民行为，研究二推断员工心理授权会对亲环境行为产生正向影响。由此，提出假设：

H11：心理授权对员工亲环境行为起到正向作用。

综合 H10 与 H11 假设，本研究提出假设：

H12a：心理授权在变革型领导与亲环境行为关系上起到中介作用；

H12b：心理授权在交易型领导与亲环境行为关系上起到中介作用。

### 5.2.5　建设性组织价值氛围的调节作用

心理授权影响对员工组织公民行为的正向作用很大程度上会受到组织氛围影响（Li，Chiaburu，kirkman，2017；Frazier，Fainshmidt，2012）。建设性价值氛围是 Marinova 等人于 2019 年提出的，是高员工关系、高组织灵活性、高市场导向与适中的内部流程四个子维度的集合，是一项整体性的一般组织氛围。在高建设性组织价值氛围的组织中，成员之间拥有共同的价值观和工作目标，关注目标实现并积极鼓励变革与创新的文化，同时并不过分强调规范的官僚组织框架（Marinova，Cao，Park，2019）。基于建设性价值氛围的定义,研究二推断在高建设性组织价值氛围的组织中,员工会因决策权和优越感的提升,倾向于乐意开展包括亲环境行为在内的各类组织公民行为以推动企业的变革与成长。换言之,在高建设性组织价值氛围的组织中,心理授权对推动其员工组织公民行为的正向影响更为显著。因此,本研究预期建设性组织价值氛围是影响心理授权和旅游企业员工亲环境行为的重要调节因素。由此,本研究提出假设:

H13:建设性组织价值氛围在心理授权与亲环境行为关系上起到正向调节作用。即相较于低建设性组织价值氛围的组织来说,心理授权与亲环境行为在具有高建设性组织价值氛围的组织中有更显著的积极关系。

综合 H1、H12 与 H13 假设,本研究提出假设:

H14:建设性组织价值氛围在"变革型领导—心理授权—员工亲环境行为"关系上起到正向调节作用;

H15:建设性组织价值氛围在"交易型领导—心理授权—员工亲环境行为"关系上起到负向调节作用。

## 5.2.6　员工关系氛围的调节作用

特定组织氛围可被分为过程性氛围和战略性氛围,前者聚焦于发生在组织内部的,作为日常管理运行的一部分的内部过程,包括公平氛围、伦理氛围和多元化氛围等。而后者则关注那些能够通过外部准则来测量的某种特定战略结果,包括服务氛围、安全氛围和创新氛围等(Ehrhart,Scheider,Macey,2014)。建设性组织价值氛围所包含的员工关系、组织灵活、市场导向与内部流程四大氛围均属于特定组织氛围中的过程性氛围,这类组织氛围虽较难从表面上建立与特定员工行为的直接联系,却是战略性氛围开展的重要前提条件。

员工关系氛围是管理者、员工和工会等多方参与者互动的结果,可由员工感知关系氛围聚合而成(Pyman,Holland,Teicher,et al.,2010)。员工关系氛围提供了一种行为准则,规范了员工行为。这些准则包括建立双赢的关系、积极参与等超出工作职责的内涵。因此在该员工关系氛围的组织中,成员会努力遵守这些积极的组织行为准则以获得组织的认同,并满足个人的归属需要(沈伊默,诸彦含,周婉茹,等,2019)。由此,在高员工关系氛围的组织中,员工会视组织公民行为是他工作中的一项行为规范并投入一定的时间与精力(Hofmann,Morgeson,Gerras,et al.,2003)。相反,在低员工关系氛围的组织中,员工和组织的互信度通常很低,员工多数倾向于恪守职责内任务,对组织公民行为展现漠不关心的态度(蔡惠如,李敏,2016)。由此,提出假设:

H13a:员工关系在心理授权与亲环境行为的关系上起到正向调节作用。即相较于低员工关系氛围的组织来说,心理授权与亲环境行为在具有高员工关系氛围的组织中有更显著的积极关系。

综合 H1、H12 与 H13 假设,提出假设:

H14a:员工关系在"变革型领导—心理授权—亲环境行为"的关系上起到正向调节作用;

H15a:员工关系在"交易型领导—心理授权—亲环境行为"的关系上起到负向调节作用。

### 5.2.7 组织灵活氛围的调节作用

组织灵活氛围是指内部员工对组织鼓励创新与变革、创新解决问题、去中心化与重视新思路的感知,属于挑战性组织公民行为范畴(Chiaburu,Oh,Berry,et al.,2011)。自我知觉理论提出当人们的感受处于不确定或模棱两可的状态时,他们会通过观察自己的行为和该行为发生时的情境,来推论自己的态度(Berm,1972)。基于该理论,Kim,Liu(2017)提出指向工作或组织的变革与创新行为是自愿而非强迫的,因此员工做出此种行为之后,他们会据此推断自己对工作和组织有着积极的态度。换言之,在高组织灵活氛围的组织中,员工通常具有或认定自身有着更积极组织态度,而愿意开展更多有益于组织长期发展的组织公民行为。由此,研究二推断组织灵活氛围是心理授权与员工亲环境行为的调节因素,在高组织灵活氛围下两者间的正相关性会被加强,反之则会被消减。由此,提出假设:

H13b：组织灵活在心理授权与亲环境行为的关系上起到正向调节作用。即相较于低组织灵活氛围的组织来说，心理授权与亲环境行为在具有高组织灵活氛围的组织中有更显著的积极关系。

综合 H1、H12 与 H13 假设，提出假设：

H14b：组织灵活在"变革型领导—心理授权—亲环境行为"的关系上起到正向调节作用；

H15b：组织灵活在"交易型领导—心理授权—亲环境行为"的关系上起到负向调节作用。

### 5.2.8 市场导向氛围的调节作用

市场导向氛围是指内部员工对组织高效、任务导向与目标明确以创造可持续竞争优势的肯定性情感反应(Gainer，Padanyi，2005)。已有的很多文献都对其与员工或组织绩效产生的积极作用进行了验证。这主要是因为市场导向的核心是为客户创造卓越价值(Narver，Slater，1990)，因此在灵活及最大限度地满足客人需求的同时，组织会收获来自市场的满意度并由此提升其组织绩效，而员工绩效则作为层面的市场导向行为导致组织绩效的提升。旅游企业员工的亲环境行为既来自组织内部绿色转型升级的需求，又同时来源于市场对其产品的需求转变。已有多项研究表明，旅游企业员工的非亲环境行为会对企业的品牌塑造及口碑传播造成一定损害(Dolnicar，Knezevic Cvelbar，et al.，2019)。因此，笔者推断在高市场导向氛围的旅游企业中，因注重市场对于环保产品的需求，员工会倾向于积极开展亲环境行为以实现更高的市场目标与组织绩效。与之相反，对低市场导向的旅游企业而言，因组织对市场对于产品的环保需求缺乏敏感性，员工在实际工作中也会变得缺乏开展亲环境行为以满足市场需求的驱动力。因此，提出：

H13c：市场导向氛围在心理授权与亲环境行为的关系上起到正向调节作用。即相较于低市场导向氛围的组织来说，心理授权与亲环境行为在具有高市场导向氛围的组织中有更显著的积极关系。

综合 H1、H12 与 H13 假设，提出假设：

H14c：市场导向在"变革型领导—心理授权—亲环境行为"的关系上起到正向调节作用；

H15c：市场导向在"交易型领导—心理授权—亲环境行为"的关系上起到负向调节作用。

### 5.2.9 内部流程氛围的调节作用

内部流程氛围是指组织中员工因遵守规则而获得奖励，领导用规则衡量和记录工作的各个方面，提倡程序化和正规化，由此带来稳定、有序和连续性（Quinn et al.，1990）。可推断的是，在高内部流程氛围的组织中，若特定行为被明确写入组织规章中，员工便会倾向于高效、严格执行以获得领导的肯定或自身晋升机会。然而，若该项行为未被清晰列入员工的工作职责范围，员工便会权衡开展组织公民行为会否为其带来能力展示的机会，会否因额外消耗时间导致规定任务绩效的下降。因此，本研究认为在高内部流程氛围的组织中，员工会倾向于高效且精益求精地完成职责范围内的工作，并尽量避免开展组织公民行为。即研究二推断在高内部流程氛围的组织中，心理授权与员工亲环境行为会被削弱。相反，在低内部流程氛围的组织中，因对于工作职责的界定并不是那么界限分明，员工会将开展组织公民行为看作有助于其脱颖而出的有效渠道，向其组织与领导传递自身不仅能做好角色内的工作，还有足够的能力在角色范围外做出贡献的信号（Salamon，Deutsch，2006）。由此，提出假设：

H13d：内部流程氛围在心理授权与亲环境行为的关系上起到负向调节作用。即相较于低内部流程氛围的组织来说，心理授权与亲环境行为在具有高内部流程氛围的组织中有更显著的积极关系。

综合 H1、H12 与 H13 假设，提出假设：

H14d：内部流程在"变革型领导—心理授权—亲环境行为"的关系上起到负向调节作用；

H15d：内部流程在"交易型领导—心理授权—亲环境行为"的关系上起到正向调节作用。

综上，研究二的研究框架模型如图 5-1 所示。

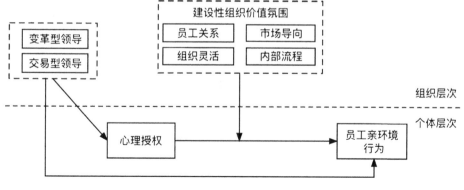

图 5-1 研究二的概念模型

## 5.3 研究方法

### 5.3.1 研究样本

选取了包含浙江杭州市、金华市、宁波市、衢州市及丽水市的 20 家四星级、15 家五星级酒店及 8 家旅行社在内的，共 43 家企业进行相关的调查数据的收集工作。在调研过程中，研究者会同参与问卷调查酒店的总经理及人力资源总监沟通并说明本研究的调查目的和过程，在得到企业高层的支持后，请人力资源总监以方便抽样的方式，邀请 2～3 名部门副经理以上的管理层人员参加调研，参加问卷调查的管理层人员应至少有 8 位下属员工。

在数据采集流程方面，本研究采用 T1 与 T2 两个时间段分批次对研究数据进行收集，在 T1 时间段中所有员工要求完成第一部分的问卷调查，涉及测试项目包含变革型领导、交易型领导及人口统计学信息的问题。被试员工需要在 20 分钟之内完成作答，题项为 5 级李克特量表的勾选题，员工在完成问卷后需将问卷装入信封直接交予研究助理。第二阶段 T2 与第一阶段相隔至少 1 个月，在 T2 时间点，所有第一时间点参加过问卷调查的员工都会被重新邀请填写第二份问卷。该问卷包含心理授权、建设性组织氛围、组织差序氛围 3 项变量的测试题项，同样被试员工需要在 20 分钟之内完成作答,并将完成后的问卷装入信封直接交予研究助理。在 T2 时间段也将完成对管理者数据的收集工作,具体步骤为将标注有员工工号和姓名的调查问卷用电子邮件的形式发送给参加调查的部门领导,要求领导者在 48 小时内完成领导部分问卷的填写,并以邮件形式返回。领导问卷包括个人统计学信息及对已完成 T1、T2 阶段员工的亲环境行为评价的相关问项。

数据采集于 2022 年 1 月 1 日至 4 月 1 日开展,最终共获得 79 个领导—员工配对群组,450 份有效员工样本,每组平均样本量为 5.7 人。对于参与调研的 450 份员工样本而言,男性占 40.9%,女性占 59.1%;员工年龄中,小于 20 岁占 5.8%,21～29 岁占 45.3%,30～39 岁占 22.4%,40～49 岁占 19.1%,50 岁以上占 7.3%;员工学历中,专科以下占 33.3%,大专占 44.4%,本科占 21.1%,硕士及以上占 1.1%;员工工作年限,小于 1 年占 16.7%,1～3 年占 25.6%,4～6 年占 16.2%,7～9 年占 11.1%,大于 10 年占 30.4%;员工身份上,一般员工占 64%,基层主管占 36%。而对参与调查的 79 位领导而言,男性占 57%,女性占 43%;年龄,20 岁以下 0,21～29 岁占 10.1%,30～39 岁占 29.1%,40～49 岁占 44.3%,50 岁以上占 16.5%;学历,专科以下占 19%,大专占 30.4%,本科占 36.7%,硕士及以上占 13.9%;工作年限,小于 1 年占 0%,1～3 年占 10.1%,4～6 年占 20.3%,7～9 年占 31.6%,大于 10 年占 38%;团队规模,小于等于 6 人占 22.8%,7～12 人占 44.3%,大于 12 人占 32.9%;职级,基层主管占 59.5%,中层主管占 25.3%,高层主管占 15.2%。

### 5.3.2 变量测量

研究采用纸质问卷的形式,所有的量表均来自国内外核心期刊,运用遵循反向翻译的原则(Brislin,1973)对原始量表进行翻译,将翻译形成的量表在 30 名酒店实习生中进行了一次预测试。根据预测试中实习生的反馈,对语义不明或存在歧义的题项进行修改,以保证研究中的问卷测量内容效度。本书以李克特 5 点尺度进行测量,1 代表"非常不同意",程度不断向前推进,5 代表"非常同意"。

(1) 变革型领导。采用 Bass,Avolio(1989)的 20 项题项作为变革型领导量表。该项量表包括魅力领导(CH)、个人关怀(IC)和智力刺激(IS)3 个子维度,其中魅力领导共 12 个题项,有"不贪图私利""能获得我的尊重"和"具有权威与自信"等;个人关怀共 4 个题项,有"有个性化关注""有关注到你的优点"等;智力刺激共 4 个题项,有"审视假设""寻找不同观点"等。变革型领导的克朗巴哈系数为 0.942,其中,魅力领导、个人关怀和智力刺激维度的克朗巴哈系数分别为 0.951、0.826 和 0.886。

(2) 交易型领导。采用 Bass,Avolio(1989)的 16 项题项作为交易型领导的量表。该项量表包括权变奖励(CR)、例外管理(MA)和被动型领导(PA)3 个子维度,其中权变奖励共 4 个题项,包括"会阐明奖励""会基于努力提供协助"等;例外管理共 4 个题项目,包括"会关注你的错误""会解决问题"等;被动型领导共 8 个题项,包括"当问题严重时才采取行动""失败后采取行为"等。交易型领导的克朗巴哈系数为 0.912,其中,权变奖励、例外管理和被动型领导维度的克朗巴哈系数分别为 0.903、0.890 和 0.921。

(3) 心理授权。采用 Spreitzer(1995)的 12 项题项作为心理授权量表。该项量表包括工作意义(MN)、自主性(CM)、自我效能(SD)和工作影响(IM)4 个维度,其中工作意义共 4 个题项,包括"我做的工作是有意义的""我的工作对我很重要"等;自主性共 4 个题项,包括"我相信我有能力做好我的工作""我对自己的工作能力很有信心"等;自我效能共 4 个题项,包括"我有很大的自主权决定我如何做我的工作"等。工作影响共 4 个题项,包括"我对部门的工作有很大的影响"等。心理授权的克朗巴哈系数为 0.845,其中,工作意义、自主性、自我效能、工作影响的克朗巴哈系数分别为 0.821、0.774、0.792 和 0.773。

(4) 建设性组织价值氛围。采用 Cameron,Quinn(1999)开发的组织文化评估工具(OCAI)作为建设性组织价值氛围量表,该量表包含员工关系(HR)、组织灵活(OS)、市场导向(RG)、内部过程(IP)4 个维度,每个维度各 4 项,共 16 个题项。其中员工关系共 4 个题项,包括"重视员工参与开放讨论""重视员工关心的问题和想法"等;组织灵活共 4 个题项,包括"重视创新与变革""重视解决问题的新思路"等;市场导向 4 个题项目,包括"强调结果的卓越与质量""强调完成工作"等;内部过程共 4 题项,包括"有可预测的结果""有稳定性与连续性"等。建设组织价值氛围的克朗巴哈系数为 0.890。其中,员工关系、组织灵活、市场灵活和内部过程的克朗巴哈系数分别为 0.875、0.850、0.846 和 0.869。

(5) 员工亲环境行为。采用 Bissing-Olson,Iyer,Fielding,et al.(2013)的单一维度 6 题项作为员工亲环境行为量表。题项如"该员工能够以环保的方式完成分配的任务""该员工能够以环保的方式履行工作职责"。员工亲环境行为的克朗巴哈系数为 0.886。

(6) 控制变量。选取以下五大变量作为本次实验研究的控制变量,依次是被试的性别、年龄、学历、工作年限和职级。年龄分为 5 组,分别为小于 20 岁、21～29 岁、30～29 岁、40～49 岁及 50 岁以上;最高学历分为 4 组,分别为专科以下、大学专科、大学本科、硕士及以上;工作年限分为 5 组,分别为小于 1 年、1～3 年、4～6 年、7～9 年及大于 10 年;职级分为 3 组,分别为一般职员、基层主管及中级主管。另外,由于团队规模也会对员工的态度和行为及组织差序氛围产生显著影响(Jackson,Brett,Sessa,et al.,1991),本研究也将领导问卷中提及的团队人数纳入控制变量中进行检验,将团队人数分为 3 组,分别为 8～14 人、15～20 人和 20 人以上。

### 5.3.3 数据分析方法

采用 SPSS26.0、Mplus8.3 软件对数据进行统计分析,分为以下四个步骤开展。

(1) 样本基本特征的描述性分析。对于数值型变量采用均数和标准差进行描述,对于分类变量采用频数和百分比进行描述。

(2) 问卷结构或数据质量的质量分析。首先,对数据题项分值进行项目分析,评估区分度。其次,运用 Harman 单因素检验法作为共同方法偏差的检验方法。将克朗巴哈系数作为信度测量指标。最后,通过探索性因子分析和验证性因子分析探讨量表的效度,用 CR 和 AVE 分别检测组合信度和收敛效度,并建立多个验证性因子分析模型呈现拟合度从单因子模型到基准模型的收敛过程,参照 Fornell-Larcker 准则比较改变量 AVE 开方值与其他变量的相关性系数，探讨各构念的区分效度。

（3）数据聚合检验。运过 $ICC(1)$、$ICC(2)$、$r_{wg}$ 等指标对跨层次变量进行聚合适当性检验。

（4）研究假设的验证。通过 Mplus8.3 构建多水平结构方程模型，探讨心理授权在变革型领导、交易型领导与员工亲环境行为间链式中介作用，建设性组织价值氛围及其各维度的调节作用及对中介的调节作用。

## 5.4　数据分析结果

### 5.4.1　共同方法偏差

共同方法偏差是指因为同样的数据来源或评分者，同样的测量环境、题目语境以及题目本身特征所造成的预测变量与效标变量之间人为的共变。这种人为的共变对研究结果产生严重的混淆并对结论有潜在的误导，是一种系统误差（周浩，龙立荣，2004）。本研究的变革型、交易型领导，心理授权，建设性组织价值氛围与员工亲环境行为的数据来源于员工和领导者的各自报告，因此有必要对共同方法偏差进行检验。采用 Harman 单因子检验法，对照本书的测量题项进行未旋转的探索性因素分析（EFA），结果显示共抽取出 19 个因子，且第一个因子的方差解释率为 13.759%，小于 50%，故认为主要变量的共同方法偏差问题不严重（Podsakoff，MacKenzie，Lee，et al.，2003）。

### 5.4.2　信效度分析

本研究中各变量的克朗巴哈系数均大于 0.7，具有良好的信度。为了考察变革型领导、交易型领导、心理授权、建设性组织价值氛围和员工亲环境行为之间的区分效度，采用 Mplus8.3 进行验证性因子分析。如表 5-1 所示，假设的 5 因子模型拟合度良好且明显优于其他备选模型（$\chi^2/df = 1.131 < 5$，$RMSEA = 0.017 < 0.08$，$CFI = 0.991 > 0.9$，$TLI = 0.989 > 0.9$），说明各变量之间区分效度较好（Kline，2015；吴明隆，2010）。

表 5 - 1　研究二验证性因子分析结果

| Model | $\chi^2$ | $df$ | $\chi^2/df$ | RMSEA | SRMR | CFI | TLI |
|---|---|---|---|---|---|---|---|
| 5 因子模型 | 181.030 | 160 | 1.131 | 0.017 | 0.032 | 0.991 | 0.989 |
| 4 因子模型 | 409.639 | 164 | 2.498 | 0.058 | 0.071 | 0.893 | 0.876 |
| 3 因子模型 | 597.650 | 167 | 3.579 | 0.076 | 0.071 | 0.813 | 0.787 |
| 2 因子模型 | 843.391 | 169 | 4.990 | 0.094 | 0.088 | 0.707 | 0.671 |
| 1 因子模型 | 1 150.207 | 170 | 6.766 | 0.113 | 0.106 | 0.574 | 0.524 |
| Criteria | | | <5 | <0.08 | <0.08 | >0.9 | >0.9 |

注：TFL 变革型领导，TAL 交易型领导，PE 心理授权，LEB 亲环境行为，COVA 建设性组织价值氛围。5 因子模型，TFL、TAL、PE、LEB、COVA；4 因子模型，TFL+TAL、PE、LEB、COVA；3 因子模型，TFL+TAL+PE、LEB、COVA；2 因子模型，TFL+TAL+PE+LEB、COVA；1 因子模型，TFL+TAL+PE+LEB+COVA。"+"表示两个因子合并。

### 5.4.3　数据聚合检验

多层次研究经常需要测量共享单位特性构念，常用方法是将单位内若干个体成员的评分聚合到单位层次，确保聚合后的分数具有充分代表性的统计前提是通过聚合适当性检验。聚合适当性检验的常用指标是组内一致性 $r_{wg}$ 和组内信度 $ICC(1)$、$ICC(2)$（朱海腾，2020）。参照 Woehr，Loignon，Schmidt(2015)和 Bliese(2000)等人的标准，当 $ICC(1)>0.059$，$ICC(2)>0.50$，$r_{wg}>0.70$ 时，可以将成员层面的个体数据聚合为团队层面数据（朱海腾，2020；Woehr et al.，2015；Blises，2000）。具体如表 5 - 2 所示。

表 5 - 2　研究二数据聚合检验

| 变　量 | 题　项 | $ICC(1)$ | $ICC(2)$ | $r_{wg}$ | |
|---|---|---|---|---|---|
| | | | | Mean | Median |
| 变革型领导 | TFL | 0.345 | 0.755 | 0.924 | 0.954 |
| 交易型领导 | TAL | 0.487 | 0.841 | 0.868 | 0.893 |
| 心理授权 | PE | 0.439 | 0.822 | 0.831 | 0.884 |
| 员工关系 | HR | 0.403 | 0.798 | 0.765 | 0.844 |

| 变　　量 | 题　项 | $ICC(1)$ | $ICC(2)$ | $r_{wg}$ | |
|---|---|---|---|---|---|
| | | | | Mean | Median |
| 组织灵活 | OS | 0.488 | 0.848 | 0.814 | 0.881 |
| 市场导向 | RG | 0.377 | 0.779 | 0.794 | 0.842 |
| 内部流程 | IP | 0.460 | 0.833 | 0.812 | 0.870 |
| 建设性组织价值氛围 | COVA | 0.645 | 0.914 | 0.914 | 0.928 |
| 员工亲环境行为 | LEB | 0.356 | 0.761 | 0.890 | 0.902 |

研究结果显示，数据聚合检验各变量 $ICC(1)$ 均大于 0.059，$ICC(2)$ 均高于 0.7，$r_{wg}$ 平均值、中位值均高于 0.7 标准，表明各变量均满足数据聚合要求，可以将个体成员数据聚合为团队数据。

## 5.4.4　变量相关分析

采用 SPSS26.0 对各变量进行相关性分析，个体层面与组织层面的分析结果如表 5-3 与表 5-4 所示。

表 5-3　研究二个体层面变量相关性分析

| | 1 | 2 | 3 | 4 | 5 | 6 | 7 |
|---|---|---|---|---|---|---|---|
| 1 员工性别 | 1 | | | | | | |
| 2 员工年龄 | −0.032 | 1 | | | | | |
| 3 员工学历 | −0.020 | −0.250** | 1 | | | | |
| 4 员工工作年限 | −0.163** | 0.641** | −0.063 | 1 | | | |
| 5 员工职级 | −0.026 | 0.309** | −0.005 | 0.306** | 1 | | |
| 6 心理授权 | −0.005 | −0.001 | 0.029 | 0.020 | 0.087 | 1 | |
| 7 员工亲环境行为 | −0.022 | 0.049 | −0.047 | 0.069 | 0.073 | 0.345** | 1 |
| M | 1.591 | 2.769 | 1.900 | 3.131 | 1.360 | 3.713 | 3.824 |
| SD | 0.492 | 1.057 | 0.762 | 1.496 | 0.481 | 0.786 | 0.778 |

注：** 表示 $P < 0.01$。

表 5 - 4 研究二组织层面变量相关性分析

| | 1 | 2 | 3 | 4 | 5 | 6 | 7 | 8 | 9 | 10 | 11 | 12 | 13 | 14 | 15 |
|---|---|---|---|---|---|---|---|---|---|---|---|---|---|---|---|
| 1 领导性别 | 1 | | | | | | | | | | | | | | |
| 2 领导年龄 | 0.035 | 1 | | | | | | | | | | | | | |
| 3 领导学历 | -0.040 | 0.212 | 1 | | | | | | | | | | | | |
| 4 领导工作年限 | -0.004 | 0.578** | 0.280* | 1 | | | | | | | | | | | |
| 5 团队规模 | 0.158 | -0.027 | 0.006 | -0.048 | 1 | | | | | | | | | | |
| 6 领导职级 | -0.170 | 0.285* | 0.142 | 0.277* | -0.195 | 1 | | | | | | | | | |
| 7 变革型领导 | -0.024 | 0.046 | -0.048 | -0.027 | -0.094 | 0.224* | 1 | | | | | | | | |
| 8 交易型领导 | -0.009 | 0.166 | -0.115 | -0.034 | 0.067 | -0.046 | -0.086 | 1 | | | | | | | |
| 9 员工关系 | 0.101 | -0.006 | 0.268* | -0.007 | -0.039 | 0.096 | 0.023 | -0.296** | 1 | | | | | | |
| 10 组织灵活 | 0.123 | 0.069 | 0.254* | 0.009 | -0.064 | 0.043 | -0.019 | -0.168 | 0.766** | 1 | | | | | |
| 11 市场导向 | 0.122 | 0.056 | 0.035 | 0.049 | 0.030 | -0.045 | -0.005 | -0.350** | 0.483** | 0.499** | 1 | | | | |
| 12 内部流程 | 0.139 | -0.164 | 0.100 | -0.115 | -0.131 | 0.091 | 0.011 | -0.330** | 0.645** | 0.658** | 0.534** | 1 | | | |
| 13 建设性组织价值氛围 | 0.145 | -0.016 | 0.200 | -0.021 | -0.064 | 0.058 | 0.003 | -0.340** | 0.871** | 0.879** | 0.739** | 0.853** | 1 | | |
| 14 心理授权 | -0.025 | -0.056 | -0.053 | 0.028 | -0.073 | 0.101 | 0.332** | -0.367** | -0.024 | -0.011 | 0.050 | 0.079 | 0.027 | 1 | |
| 15 亲环境行为 | -0.198 | -0.058 | -0.024 | -0.033 | -0.087 | 0.133 | 0.472** | -0.475** | 0.183 | 0.171 | 0.182 | 0.250* | 0.235* | 0.634** | 1 |
| M | 1.430 | 3.671 | 2.456 | 3.975 | 2.101 | 1.557 | 4.063 | 3.322 | 3.291 | 3.334 | 3.207 | 3.248 | 3.270 | 3.717 | 3.833 |
| SD | 0.498 | 0.873 | 0.958 | 1.000 | 0.744 | 0.747 | 0.371 | 0.564 | 0.706 | 0.708 | 0.634 | 0.712 | 0.578 | 0.581 | 0.529 |

注: * 表示 $P < 0.05$, ** 表示 $P < 0.01$。

## 5.4.5　假设检验

### 5.4.5.1　直接效应的检验

参照 Preacher，Zyphur，Zhang(2010)和 Fang，Wen，Hau(2019)等人的策略，采用 Mplus8.3 建立多水平结构方程模型对心理授权在变革型、交易型领导与亲环境行为间多水平中介(2-1-1)作用进行探讨，个体层纳入员工性别、员工年龄、员工学历、员工工作年限、员工职级作为控制变量；团队层面纳入领导性别、领导年龄、领导学历、领导工作年限、领导职级、团队规模作为控制变量；并以变革型领导、交易型领导作为自变量，心理授权作为中介变量，员工亲环境行为作为结局变量(Preacher，Zyhur，Zhang，2010；Fang，Wen，Hau，2019)。

Mplus8.3 运行的结果如图 5-2 所示。变革型领导对亲环境行为存在显著正向影响($P<0.001$，$\gamma=0.428$)，假设 H1a 成立；交易型领导对亲环境行为存在显著负向影响($P<0.001$，$\gamma=-0.294$)，假设 H1b 成立；变革型领导显著正向影响心理授权($P<0.01$，$\gamma=0.464$)，假设 H10a 成立；交易型领导显著负向影响心理授权($P<0.01$，$\gamma=-0.353$)，假设 H10b 成立；心理授权对亲

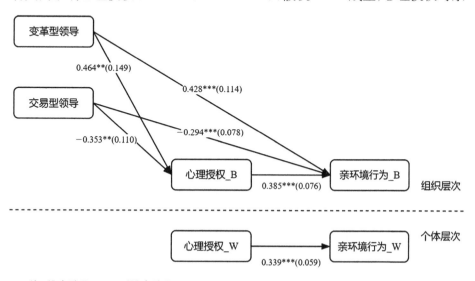

注：** 表示 $P<0.01$，*** 表示 $P<0.001$。

**图 5-2　Mplus 对研究二模型的跨层次检验结果**

环境行为存在显著正向影响（$P < 0.001, \gamma = 0.385$），假设 H11 成立。

### 5.4.5.2 心理授权的中介效应检验

进一步，对心理授权在变革型领导、交易型领导与亲环境行为间中介作用进行检验，分析结果见表 5-5 所示。心理授权在变革型领导与亲环境行为间中介作用而言，总效应、直接效应、中介效应的 95％置信区间分别为：[0.354，0.859]、[0.204，0.652]、[0.058，0.299]，95％置信区间均不包含 0，总效应、直接效应、中介效应均显著存在，且效应量分别为 0.606、0.418、0.179；中介效应占总效应的 29.5％，假设 H12a 成立。并且，心理授权在交易型领导与亲环境行为间中介作用而言，总效应、直接效应、中介效应的 95％置信区间分别为：[−0.608，−0.250]、[−0.447，−0.140]、[−0.236，−0.035]，95％置信区间均不包含 0，总效应、直接效应、中介效应均显著存在，且效应量分别为−0.429，−0.294，−0.136；中介效应占总效应的 31.7％，假设 H12b 成立。

表 5-5　研究二中介效应检验

|  |  | 估计值 | 标准误 | 95％LCI | 95％UCI |
|---|---|---|---|---|---|
| 变革型领导 | 总效应 | 0.606 | 0.129 | 0.354 | 0.859 |
|  | 直接效应 | 0.428 | 0.114 | 0.204 | 0.652 |
|  | 中介效应 | 0.179 | 0.062 | 0.058 | 0.299 |
| 交易型领导 | 总效应 | −0.429 | 0.091 | −0.608 | −0.250 |
|  | 直接效应 | −0.294 | 0.078 | −0.447 | −0.140 |
|  | 中介效应 | −0.136 | 0.051 | −0.236 | −0.035 |

### 5.4.5.3 调节效应检验

采用 Mplus8.3 建立多水平调节模型，个体层纳入员工性别、员工年龄、员工学历、员工工作年限、员工职级作为控制变量；团队层面纳入领导性别、领导年龄、领导学历、领导工作年限、领导职级、团队规模作为控制变量；以心理授权为自变量，员工亲环境行为为结局变量，并分别以建设性组织氛围及其维度员工关系、组织灵活、市场导购、内部过程作为调节变量。

多水平调节效应的估计有两种方法，第一种方法是随机系数预测法（Random Coefficient Prediction，RCP），即将随机斜率 $\beta_{1j}$ 当成因变量，做随机斜率 $\beta_{1j}$ 对调节变量 $Z_j$ 的回归，如果回归系数显著，则表示跨层调节效应显著。第二种方法是潜调节结构方程法（Latent Moderated Structural Equations，LMS），$\bar{X}_j Z_j$ 的回归系数显著，则表示跨层调节效应显著。这两种方法都能很好地在 Mplus 中实现。Preacher，Zyphur，Zhang（2010）还对 RCP 和 LMS 在多水平调节效应分析中的效能进行了模拟比较。结果表明 RCP 和 LMS 的表现相当。但在层二调节效应分析中，RCP 相比 LMS 会产生更大的参数估计偏差并存在更多的不收敛情况。另外，LMS 适用于任何多层调节效应分析。故选择 LMS 探讨多水平调节作用。运用 Mplus8.3 的分析结果如表 5－6 所示。

**表 5－6　建设性组织价值氛围的调节作用**

| | | 员工亲环境行为 | | | | |
| --- | --- | --- | --- | --- | --- | --- |
| | | 模型 1 | 模型 2 | 模型 3 | 模型 4 | 模型 5 |
| 截距 | 截距 | 4.206*** (0.234) | 4.272*** (0.244) | 4.118*** (0.227) | 4.183*** (0.238) | 4.145*** (0.249) |
| 个体层控制变量 | 员工性别 | −0.019 (0.069) | −0.019 (0.069) | −0.019 (0.069) | −0.019 (0.069) | −0.019 (0.069) |
| | 员工年龄 | −0.006 (0.041) | −0.006 (0.041) | −0.006 (0.041) | −0.006 (0.041) | −0.006 (0.041) |
| | 员工学历 | −0.057 (0.054) | −0.057 (0.054) | −0.057 (0.054) | −0.057 (0.054) | −0.057 (0.054) |
| | 员工工作年限 | 0.028 (0.032) | 0.028 (0.032) | 0.028 (0.032) | 0.028 (0.032) | 0.028 (0.032) |
| | 员工职级 | 0.047 (0.099) | 0.047 (0.099) | 0.047 (0.099) | 0.047 (0.099) | 0.047 (0.099) |
| 个体层变量 | PE | 0.519*** (0.078) | 0.535*** (0.079) | 0.534*** (0.063) | 0.539*** (0.091) | 0.54*** (0.09) |

| | | 员工亲环境行为 | | | | |
|---|---|---|---|---|---|---|
| | | 模型 1 | 模型 2 | 模型 3 | 模型 4 | 模型 5 |
| 团队层控制变量 | 领导性别 | $-0.204^{**}$<br>(0.077) | $-0.194^{*}$<br>(0.079) | $-0.167^{*}$<br>(0.075) | $-0.186^{*}$<br>(0.083) | $-0.235^{**}$<br>(0.078) |
| | 领导年龄 | $-0.006$<br>(0.063) | $-0.002$<br>(0.06) | $-0.009$<br>(0.058) | $-0.008$<br>(0.062) | 0.022<br>(0.069) |
| | 领导学历 | $-0.008$<br>(0.040) | $-0.020$<br>(0.040) | $-0.003$<br>(0.040) | 0.013 0<br>(0.045) | $-0.008$<br>(0.043) |
| | 领导工作年限 | $-0.014$<br>(0.050) | $-0.022$<br>(0.048) | $-0.009$<br>(0.049) | $-0.034$<br>(0.054) | $-0.020$<br>(0.055) |
| | 团队规模 | 0.001<br>(0.051) | $-0.007$<br>(0.051) | 0.011<br>(0.051) | $-0.010$<br>(0.054) | 0.013<br>(0.053) |
| | 领导职级 | 0.009<br>(0.058) | 0.001<br>(0.062) | 0.007<br>(0.056) | 0.043<br>(0.067) | 0.009<br>(0.064) |
| 团体层变量 | COVA | 0.190^{*}<br>(0.092) | | | | |
| | COVA×PE | 0.305^{**}<br>(0.109) | | | | |
| | HR | | 0.132<br>(0.080) | | | |
| | HR×PE | | 0.241^{**}<br>(0.092) | | | |
| | OS | | | 0.115<br>(0.067) | | |
| | OS×PE | | | 0.349^{***}<br>(0.075) | | |
| | RG | | | | 0.125<br>(0.083) | |
| | RG×PE | | | | 0.140<br>(0.145) | |

续　表

| | | 员工亲环境行为 | | | | |
|---|---|---|---|---|---|---|
| | | 模型 1 | 模型 2 | 模型 3 | 模型 4 | 模型 5 |
| 团体层变量 | IP | | | | | 0.174*<br>(0.078) |
| | IP×PE | | | | | 0.114<br>(0.122) |
| 组内方差 | $\sigma^2$ | 0.527***<br>(0.048) | 0.527***<br>(0.048) | 0.527***<br>(0.048) | 0.527***<br>(0.048) | 0.527***<br>(0.048) |
| 组间方差 | $\tau_{00}$ | 0.13***<br>(0.027) | 0.133***<br>(0.027) | 0.124***<br>(0.026) | 0.144***<br>(0.026) | 0.139***<br>(0.027) |

注：模型 1 探讨建设性组织价值氛围对心理授权与亲环境行为调节作用；模型 2 探讨员工关系对心理授权与亲环境行为的调节作用；模型 3 探讨组织灵活对心理授权与亲环境行为的调节作用；模型 4 探讨市场导向对心理授权与亲环境行为的调节作用；模型 5 探讨内部流程对心理授权与亲环境行为的调节作用。另：* 表示 $P<0.05$，** 表示 $P<0.01$，*** 表示 $P<0.001$。

对模型 1 的主效应而言，心理授权对员工亲环境行为存在显著正向调节作用（$P<0.001$，$\gamma=0.519$）；对于调节变量建设性组织氛围对亲环境行为的影响而言，$P<0.05$，$\gamma=0.190$，表明建设性组织氛围对亲环境行为存在显著正向影响；对于建设性组织氛围对心理授权与亲环境行为间调节作用而言，交互项（COVA×PE）对亲环境行为存在显著正向影响（$P<0.01$，$\gamma=0.305$），表明建设性组织氛围对心理授权与亲环境行为存在显著正向调节作用，假设 H13 成立（见图 5-3）。即在建设性组织氛围调节下，低分组建设性组织氛围感知下心理授权对亲环境行为的影响（斜率）低于高分组建设性组织价值氛围调节下心理授权对亲环境行为的影响（斜率），即随着建设性组织价值氛围（数据）增大，心理授权对员工亲环境正向影响逐渐增加。

对模型 2 的主效应而言，心理授权对员工亲环境行为存在显著正向调节作用（$P<0.001$，$\gamma=0.535$）；对于调节变量员工关系对亲环境行为的影响而言，$P>0.05$，差异不具有统计学意义，表明员工关系对员工亲环境行为影响不显著；对于员工关系对心理授权与亲环境行为间调节作用而言，交互项（HR×PE）对亲环境行为存在显著正向影响（$P<0.01$，$\gamma=0.241$），表

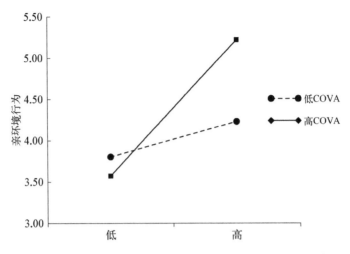

**图 5-3　建设性组织价值氛围对心理授权与员工亲环境行为调节效应**

明员工关系对心理授权与亲环境行为存在显著正向调节作用,假设 H13a
成立(见图 5-4)。即在员工关系调节下,低员工关系心理授权对亲环境行
为的影响(斜率)低于高员工关系调节下心理授权对亲环境行为的影响(斜
率),即随着员工关系(数据)增大,心理授权对亲环境行为正向影响逐渐
增加。

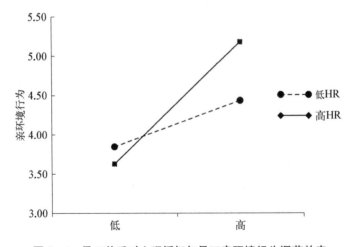

**图 5-4　员工关系对心理授权与员工亲环境行为调节效应**

　　对模型 3 的主效应而言,心理授权对员工亲环境行为存在显著正向调
节作用($P<0.001$,$\gamma=0.534$);对于调节变量组织灵活对亲环境行为的影

响而言,$P>0.05$,差异不具有统计学意义,表明组织灵活对亲环境行为影响不显著;对于组织灵活对心理授权与亲环境行为间调节作用而言,交互项(OS×PE)对亲环境行为存在显著正向影响($P<0.001$,$\gamma=0.349$),表明组织灵活对心理授权与亲环境行为存在显著正向调节作用,假设 H13b 成立(见图 5-5)。即在组织灵活调节下,低分组组织灵活下心理授权对亲环境行为的影响(斜率)低于高分组组织灵活调节下心理授权对亲环境行为的影响(斜率),即随着组织灵活(数据)增大,心理授权对亲环境正向影响逐渐增加。

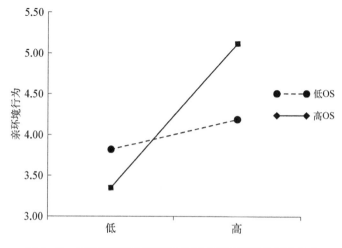

**图 5-5 组织灵活对心理授权与员工亲环境行为调节效应**

对模型 4 的主效应而言,心理授权对员工亲环境行为存在显著正向调节作用($P<0.001$,$\gamma=0.539$);对于调节变量市场导向对亲环境行为的影响而言,$P>0.05$,差异不具有统计学意义,表明市场导向对亲环境行为影响不显著;对于市场导向对心理授权与亲环境行为间调节作用而言,交互项(RG×PE)对亲环境行为影响不显著($P>0.05$,差异不具有统计学意义),表明市场导向对心理授权与亲环境行为调节作用不显著,假设 H13c 不成立。

对模型 5 的主效应而言,心理授权对员工亲环境行为存在显著正向调节作用($P<0.001$,$\gamma=0.539$);对于调节变量内部过程对亲环境行为的影响而言,$P<0.05$,$\gamma=0.174$,表明内部过程对亲环境行为存在显著正向影响;对于内部过程对心理授权与亲环境行为间调节作用而言,交互项(IP×

PE)对亲环境行为影响不显著($P>0.05$,差异不具有统计学意义),表明内部过程对心理授权与亲环境行为调节作用不显著,假设 H13d 不成立。

### 5.4.5.4 有调节中介效应检验

采用 Mplus8.3 软件并分别以建设性组织氛围及其维度员工关系、组织灵活、市场导购、内部过程作为调节变量建立多水平有调节中介模型,个体层纳入员工性别、员工年龄、员工学历、员工工作年限、员工职级作为控制变量;团队层面纳入领导性别、领导年龄、领导学历、领导工作年限、领导职级、团队规模作为控制变量;以变革型领导、交易型领导为自变量,以心理授权为中介变量,员工亲环境行为为结局变量。

有调节的中介目前有 3 种检验方法,分别是依次检验、系数乘积的区间检验和中介效应差异检验。依次检验,即依次检验中介路径和调节路径的系数显著性。系数乘积的区间检验,即检验 Hayes(2015) 提出的估计有调节的中介指数(中介路径系数与调节路径系数的乘积)的置信区间,Yuan,Mackinnon(2009)用偏差校正的非参数百分位 Bootstrap 法或者有先验信息的马尔科夫链蒙特卡罗(MCMC)法计算系数乘积的置信区间,比传统法得到的置信区间更精确,有更高的检验力。中介效应差异检验,指 Edward,Lambert(2007)提出的用 Bootstrap 法检验中介效应的差异来判断中介效应是否随调节变量变化,即检验调节变量的不同取值上的中介效应之差是否显著,取调节变量 U 的平均值上下一个标准差的值,分别记为 $U_H$ 和 $U_L$,若 $U_H$ 和 $U_L$ 水平下中介效应差异显著,则认为中介效应受到调节变量 U 的调节。就检验效能而言,中介效应差异检验>系数乘积的区间检验>依次检验(Hayes,2015;Yuan,2009;Edwards,Lambert,2007)。

1. 建设性组织价值氛围对中介的调节作用

对于建设性组织价值氛围对心理授权在变革型、交易型领导与亲环境行为间中介作用的调节效应而言,Mplus 分析结果表明:交互项(COVA ×PE)对亲环境行为存在显著正向调节作用($P<0.001$,$\gamma=0.275$),如图 5 - 6所示。

运用 Mplus8.3 对建设性组织价值氛围的有调节中介效应量进行估计,所得结论如表 5 - 7 所示,对于建设性组织价值氛围对心理授权在变革

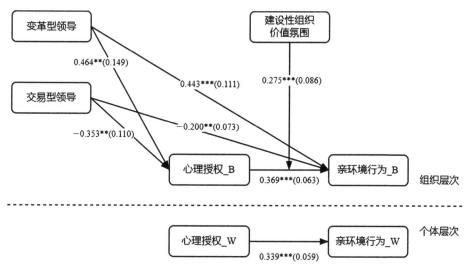

注：** 表示 $P<0.01$，*** 表示 $P<0.001$。

**图 5－6　建设性组织价值氛围的有调节中介效应检验**

型领导与亲环境行为间中介的调节作用而言，分析结果表明：在高低调节变量（$\pm SD$）下，中介效应差异的 95％置信区间为[0.011，0.282]，不包含0，在建设性组织价值氛围调节下，心理授权在变革型领导与亲环境行为间中介存在显著差异；进一步通过系数乘积法检验有调节中介效应的显著性，其 95％置信区间为[0.008，0.247]，不包含 0，表明建设性组织价值氛围对心理授权在变革型领导与亲环境行为之间存在显著的调节作用，有调节中介效应量为 0.128，假设 H14 成立。

**表 5－7　建设性组织价值氛围的有调节中介效应量估计**

| | | 估计值 | 标准误 | 95％LCI | 95％UCI |
|---|---|---|---|---|---|
| | Low（－SD） | 0.097 | 0.046 | 0.006 | 0.188 |
| | Median(0) | 0.171 | 0.056 | 0.060 | 0.281 |
| 变革型领导 | High（＋SD） | 0.244 | 0.081 | 0.085 | 0.403 |
| | High-Low | 0.147 | 0.069 | 0.011 | 0.282 |
| | Moderated Mediation | 0.128 | 0.061 | 0.008 | 0.247 |

| | | 估计值 | 标准误 | 95％LCI | 95％UCI |
|---|---|---|---|---|---|
| 交易型领导 | Low（−SD） | −0.074 | 0.038 | −0.148 | 0.000 |
| | Median(0) | −0.130 | 0.045 | −0.218 | −0.041 |
| | High（＋SD） | −0.185 | 0.063 | −0.309 | −0.062 |
| | High-Low | −0.111 | 0.051 | −0.211 | −0.012 |
| | Moderated Mediation | −0.097 | 0.045 | −0.186 | −0.008 |

对于建设性组织价值氛围对心理授权在交易型领导与亲环境行为间中介的调节作用而言,Edward,Lambert(2007)提出的中介效应差异检验,在高低调节变量($\pm SD$)下,中介效应差异的95％置信区间为[−0.211,−0.012],不包含0,在建设性组织价值氛围调节下,心理授权在交易型领导与亲环境行为间中介存在显著差异。另外,Hayes(2015)提出的估计有调节的中介指数,通过系数乘积法检验有调节中介效应,其95％置信区间为[−0.186,−0.008],不包含0,表明建设性组织价值氛围对心理授权在交易型领导与亲环境行为间存在显著的调节作用,有调节中介效应量为−0.097,假设H15成立。

2. 员工关系对中介的调节作用

对于员工关系对心理授权在变革型、交易型领导与亲环境行为间中介作用的调节效应而言,模型分析结果表明:交互项(HR×PE)对员工亲环境行为存在显著正向调节作用($P<0.001$,$\gamma=0.226$),如图5-7所示。

运用Mplus8.3对员工关系的有调节中介效应量进行估计,所得结论如表5-8所示,对于员工关系对心理授权在变革型领导与亲环境行为间中介的调节作用而言,分析结果表明:在高低调节变量($\pm SD$)下,中介效应差异的95％置信区间为[0.010,0.285],不包含0,在员工关系调节下,心理授权在变革型领导与亲环境行为间中介存在显著差异;进一步通过系数乘积法检验有调节中介效应的显著性,其95％置信区间为[0.008,0.202],不包含0,表明员

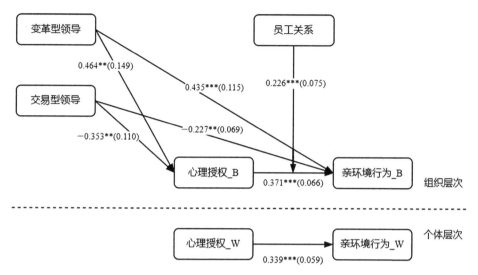

注：** 表示 $P < 0.01$，*** 表示 $P < 0.001$。

**图 5-7　员工关系的有调节中介效应检验**

工关系对心理授权在变革型领导与亲环境行为之间存在显著的调节作用，有调节中介效应量为 0.105，假设 H14a 成立。

**表 5-8　员工关系的有调节中介效应量估计**

| | | 估计值 | 标准误 | 95%LCI | 95%UCI |
|---|---|---|---|---|---|
| | Low（−SD） | 0.098 | 0.048 | 0.004 | 0.193 |
| | Median(0) | 0.172 | 0.056 | 0.062 | 0.283 |
| 变革型领导 | High（+SD） | 0.246 | 0.081 | 0.088 | 0.404 |
| | High-Low | 0.147 | 0.070 | 0.010 | 0.285 |
| | Moderated Mediation | 0.105 | 0.050 | 0.008 | 0.202 |
| | Low（−SD） | −0.075 | 0.039 | −0.152 | 0.002 |
| | Median(0) | −0.131 | 0.046 | −0.221 | −0.041 |
| 交易型领导 | High（+SD） | −0.187 | 0.063 | −0.311 | −0.063 |
| | High-Low | −0.112 | 0.052 | −0.214 | −0.010 |
| | Moderated Mediation | −0.080 | 0.038 | −0.154 | −0.005 |

对于员工关系对心理授权在交易型领导与亲环境行为间中介的调节作用而言,分析结果表明:在高低调节变量($\pm SD$)下,中介效应差异的$95\%$置信区间为$[-0.214,-0.010]$,不包含0,在员工关系调节下,心理授权在交易型领导与亲环境行为间中介效应存在显著差异;进一步通过系数乘积法检验有调节中介效应的显著性,其$95\%$置信区间为$[-0.154,-0.005]$,不包含0,表明员工关系对心理授权在交易型领导与亲环境行为之间存在显著的调节作用,有调节中介效应量为$-0.080$,假设H15a成立。

3. 组织灵活对中介的调节作用

对于组织灵活对心理授权在变革型、交易型领导与亲环境行为间中介作用的调节效应而言,模型分析结果表明:交互项(OS×PE)对亲环境行为存在显著正向调节作用($P<0.001$,$\gamma=0.294$),如图5-8所示。

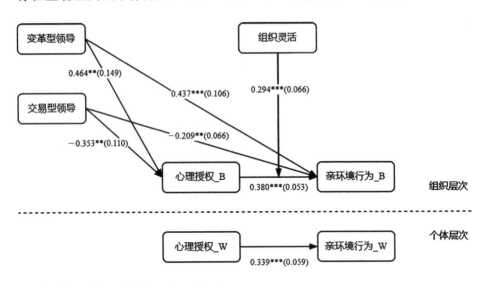

注:** 表示 $P<0.01$,*** 表示 $P<0.001$。

**图5-8　组织灵活的有调节中介效应检验**

运用Mplus8.3对组织灵活的有调节中介效应量进行估计,所得结论如表5-9所示,对于组织灵活对心理授权在变革型领导与员工亲环境行为间中介的调节作用而言,分析结果表明:在高低调节变量($\pm SD$)下,中介效应差异的$95\%$置信区间为$[0.042,0.342]$,不包含0,在组织灵活调节下,心理授权在变革型领导与亲环境行为间中介存在显著差异;进一步通过系数乘积法检验有调节中介效应的显著性，其 95% 置信区间为 [0.028,0.244]，不包含 0，表明组织灵活对心理授权在变革型领导与员工亲环境行为之间存在显著的调节作用，有调节中介效应量为 0.136，假设 H14b 成立。

表5-9　组织灵活的有调节中介效应量估计

| | | 估计值 | 标准误 | 95%LCI | 95%UCI |
|---|---|---|---|---|---|
| 变革型领导 | Low（−SD） | 0.081 | 0.039 | 0.004 | 0.157 |
| | Median(0) | 0.177 | 0.056 | 0.067 | 0.287 |
| | High（+SD） | 0.272 | 0.088 | 0.100 | 0.444 |
| | High-Low | 0.192 | 0.076 | 0.042 | 0.342 |
| | Moderated Mediation | 0.136 | 0.055 | 0.028 | 0.244 |
| 交易型领导 | Low（−SD） | −0.061 | 0.033 | −0.125 | 0.003 |
| | Median(0) | −0.134 | 0.045 | −0.222 | −0.046 |
| | High（+SD） | −0.207 | 0.067 | −0.337 | −0.077 |
| | High-Low | −0.146 | 0.054 | −0.251 | −0.04 |
| | Moderated Mediation | −0.104 | 0.041 | −0.183 | −0.024 |

对于组织灵活对心理授权在交易型领导与亲环境行为间中介的调节作用而言，分析结果表明：在高低调节变量（±SD）下，中介效应差异的 95% 置信区间为 [−0.251，−0.040]，不包含 0，在组织灵活调节下，心理授权在交易型领导与亲环境行为间中介存在显著差异；进一步通过系数乘积法检验有调节中介效应的显著性，其 95% 置信区间为 [−0.183，−0.024] 不包含 0，表明组织灵活对心理授权在交易型领导与亲环境行为之间存在显著的调节作用，有调节中介效应量为 −0.104，假设 H15b 成立。

4. 市场导向对中介的调节作用

对于市场导向对心理授权在变革型、交易型领导与亲环境行为间中介作用的调节效应而言,模型分析结果表明:交互项(RG×PE)对亲环境行为调节作用不显著($P > 0.05$,差异不具有统计学意义),如图5-9所示。

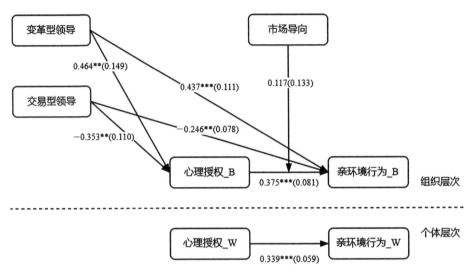

注:** 表示 $P < 0.01$,*** 表示 $P < 0.001$。

图5-9 市场导向的有调节中介效应检验

运用Mplus8.3对市场导向的有调节中介效应量进行估计,所得结论如表5-10所示,对于市场导向对心理授权在变革型领导与亲环境行为间中介的调节作用而言,分析结果表明:在高低调节变量($\pm SD$)下,中介效应差异的95%置信区间为[-0.094,0.230],包含0,在市场导向调节下,心理授权在变革型领导与亲环境行为间中介差异不显著;进一步通过系数乘积法检验有调节中介效应的显著性,其95%置信区间为[-0.078,0.186],包含0,表明市场导向对心理授权在变革型领导与亲环境行为间调节作用不显著,假设H14c不成立。

表5-10 市场导向的有调节中介效应量估计

|  |  | 估计值 | 标准误 | 95%LCI | 95%UCI |
|---|---|---|---|---|---|
| 变革型领导 | Low（-SD) | 0.140 | 0.070 | 0.003 | 0.277 |
|  | Median(0) | 0.174 | 0.061 | 0.054 | 0.294 |

续　表

| | | 估计值 | 标准误 | 95%LCI | 95%UCI |
|---|---|---|---|---|---|
| 变革型领导 | High（+SD） | 0.208 | 0.077 | 0.057 | 0.360 |
| | High-Low | 0.068 | 0.083 | −0.094 | 0.230 |
| | Moderated Mediation | 0.054 | 0.067 | −0.078 | 0.186 |
| 交易型领导 | Low（−SD） | −0.106 | 0.053 | −0.209 | −0.003 |
| | Median(0) | −0.132 | 0.049 | −0.228 | −0.037 |
| | High（+SD） | −0.158 | 0.064 | −0.283 | −0.034 |
| | High-Low | −0.052 | 0.064 | −0.178 | 0.075 |
| | Moderated Mediation | −0.041 | 0.053 | −0.145 | 0.063 |

对于市场导向对心理授权在交易型领导与亲环境行为间中介的调节作用而言,分析结果表明：在高低调节变量($\pm SD$)下,中介效应差异的95%置信区间为[−0.178, 0.075],包含0,在市场导向调节下,心理授权在交易型领导与亲环境行为间中介差异不显著;进一步通过系数乘积法检验有调节中介效应的显著性,其95%置信区间为[−0.145, 0.063],包含0,表明市场导向对心理授权在交易型领导与亲环境行为间调节作用不显著,假设H15c不成立。

5. 内部流程对中介的调节作用

对于内部过程对心理授权在变革型、交易型领导与亲环境行为间中介作用的调节效应而言,模型分析结果表明：交互项(IP×PE)对亲环境行为存在调节作用不显著($P>0.05$,差异不具有统计学意义),如图5-10所示。

运用Mplus8.3对内部流程的有调节中介效应量进行估计,所得结论如表5-11所示,对于内部流程对心理授权在变革型领导与亲环境行为间中介的调节作用而言,分析结果表明：在高低调节变量($\pm SD$)下,中介效应差异的95%置信区间为[−0.069, 0.204],包含0,在内部过程调节下,心

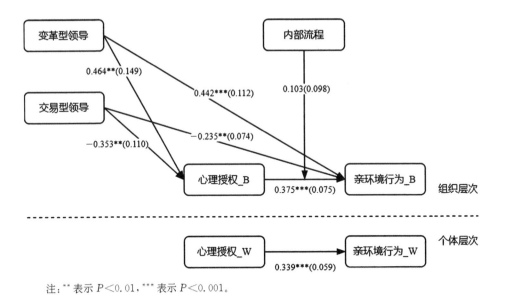

注：** 表示 $P<0.01$，*** 表示 $P<0.001$。

图 5-10　内部流程的有调节中介效应检验

表 5-11　内部流程的有调节中介效应量估计

| | | 估计值 | 标准误 | 95％LCI | 95％UCI |
|---|---|---|---|---|---|
| 变革型领导 | Low（−SD） | 0.14 | 0.062 | 0.019 | 0.261 |
| | Median(0) | 0.174 | 0.059 | 0.058 | 0.29 |
| | High（+SD） | 0.208 | 0.075 | 0.061 | 0.355 |
| | High-Low | 0.067 | 0.069 | −0.069 | 0.204 |
| | Moderated Mediation | 0.048 | 0.05 | −0.051 | 0.146 |
| 交易型领导 | Low（−SD） | −0.107 | 0.053 | −0.21 | −0.003 |
| | Median(0) | −0.132 | 0.05 | −0.231 | −0.034 |
| | High（+SD） | −0.158 | 0.06 | −0.275 | −0.041 |
| | High-Low | −0.051 | 0.051 | −0.151 | 0.049 |
| | Moderated Mediation | −0.036 | 0.037 | −0.109 | 0.037 |

理授权在变革型领导与亲环境行为间中介差异不显著；进一步通过系数乘积法检验有调节中介效应的显著性，其95％置信区间为[−0.051，0.146]，包含0，表明内部过程对心理授权在变革型领导与亲环境行为间调节作用不显著，假设 H14d 不成立。

对于内部过程对心理授权在交易型领导与亲环境行为间中介的调节作用而言，分析结果表明：在高低调节变量($\pm SD$)下，中介效应差异的95％置信区间为[−0.151，0.049]，包含0，在内部过程调节下，心理授权在交易型领导与亲环境行为间中介差异不显著；进一步通过系数乘积法检验有调节中介效应的显著性，其95％置信区间为[−0.109，0.037]，包含0，表明内部过程对心理授权在交易型领导与亲环境行为间调节作用不显著，假设 H15d 不成立。

## 5.5 研究二结论与讨论

### 5.5.1 研究二的结果涉及内容

基于自我决定理论与社会信息加工理论，研究二建立了变革型、交易型领导，建设型组织价值氛围及其子维度对旅游企业员工亲环境行为产生影响的跨层次模型，选择了浙江杭州市、金华市、宁波市、衢州市及丽水市的20家四星级、15家五星级酒店及8家旅行社在内的，共43家企业进行相关的调查数据的收集工作，最终获得79个领导—员工配对群组，共450份有效员工样本，每组平均样本量为5.7人，在此基础上进行了假设检验。研究二的结果包括以下四点。

一是领导风格是旅游企业员工亲环境行为的重要影响因素。变革型领导会对旅游企业员工亲环境行为产生促进作用，而交易型领导则反之。

二是心理授权在变革型、交易型领导与旅游企业员工亲环境行为间起到中介作用。变革型领导可以通过正向影响心理授权，起到提升旅游企业员工亲环境行为的积极作用；交易型领导则通过负向影响心理授权，起到阻碍旅游企业员工亲环境行为的消极作用。

三是建设性组织价值氛围及其所包含的员工关系氛围与组织灵活氛围两个维度在心理授权与旅游企业员工亲环境行为间起到调节作用。在建设性组织价值氛围、员工关系与组织灵活三个维度高分值的组织中,心理授权与员工亲环境行为的正相关性被加强。反之,则两者的关系被减弱。

四是建设性组织价值氛围、员工关系氛围与组织灵活氛围在"变革/交易型领导—心理授权—员工亲环境行为"的中介链条上起到显著的调节作用。具体而言,三者在"变革型领导—心理授权—员工亲环境行为"中有着正向调节作用,而在"交易型领导—心理授权—员工亲环境行为"中则有着负向调节作用。

### 5.5.2 研究二的结果梳理

本章的研究结果梳理如表 5‐12 所示。

表 5‐12 研究二假设与检验结果汇总

| 编号 | 假　　设 | 结　果 |
| --- | --- | --- |
| H1a | 变革型领导对员工亲环境行为产生正向作用 | 成立 |
| H1b | 交易型领导对员工亲环境行为产生负向作用 | 成立 |
| H10a | 变革型领导对心理授权产生正向作用 | 成立 |
| H10b | 交易型领导对心理授权产生负向作用 | 成立 |
| H11 | 心理授权对员工亲环境行为产生正向作用 | 成立 |
| H12a | 心理授权在变革型领导与员工亲环境行为关系上起到中介作用 | 成立 |
| H12b | 心理授权在交易型领导与员工亲环境行为关系上起到中介作用 | 成立 |
| H13 | 建设性组织价值氛围在心理授权与亲环境行为关系上起到正向调节作用 | 成立 |
| H13a | 员工关系氛围在心理授权与亲环境行为关系上起到正向调节作用 | 成立 |
| H13b | 组织灵活氛围在心理授权与亲环境行为关系上起到正向调节作用 | 成立 |

续　表

| 编号 | 假　　设 | 结　果 |
|---|---|---|
| H13c | 市场导向氛围在心理授权与亲环境行为关系上起到正向调节作用 | 不成立 |
| H13d | 内部流程氛围在心理授权与亲环境行为关系上起到负向调节作用 | 不成立 |
| H14 | 建设性组织价值氛围在"变革型领导—心理授权—亲环境行为"关系上起正向到调节作用 | 成立 |
| H14a | 员工关系氛围在"变革型领导—心理授权—亲环境行为"关系上起到正向调节作用 | 成立 |
| H14b | 组织灵活氛围在"变革型领导—心理授权—亲环境行为"关系上起到正向调节作用 | 成立 |
| H14c | 市场导向氛围在"变革型领导—心理授权—亲环境行为"关系上起到正向调节作用 | 不成立 |
| H14d | 内部流程氛围在"变革型领导—心理授权—亲环境行为"关系上起到负向调节作用 | 不成立 |
| H15 | 建设性组织价值氛围在"交易型领导—心理授权—亲环境行为"关系上起到正向调节作用 | 成立 |
| H15a | 员工关系氛围在"交易型领导—心理授权—亲环境行为"关系上起到负向调节作用 | 成立 |
| H15b | 组织灵活氛围在"交易型领导—心理授权—亲环境行为"关系上起到负向调节作用 | 成立 |
| H15c | 市场导向氛围在"交易型领导—心理授权—亲环境行为"关系上起到负向调节作用 | 不成立 |
| H15d | 内部流程氛围在"交易型领导—心理授权—亲环境行为"关系上起到正向调节作用 | 不成立 |

（1）本章基于自我决定理论，验证了变革型领导会通过增强心理授权，提升旅游企业员工亲环境行为；而交易型领导则会消减心理授权，进而对旅游企业员工亲环境行为形成阻碍。该研究结论基于与研究一不同的视角，再次验证了领导者可以通过内化机制激发员工对企业长远的利益考量，并促进其更多地实施亲环境行为。

(2) 将组织氛围视为重要的情境因素,并认为一般组织氛围也会与特定组织氛围一样对员工的亲环境行为产生显著影响。研究对建设性价值氛围对心理授权与员工亲环境行为间的调节作用进行了假设验证,在深化组织氛围理论在员工亲环境行为研究中应用的同时,指出了在提升旅游企业内部环保实践中,除完善与落实环保考核制度并充分考量领导风格的影响之外,还应纳入组织环境整体及惯常属性的氛围因素,并对其进行优化与完善,以提升员工亲环境行为。

(3) 对其所包含的员工关系、组织灵活、市场导向与内部流程 4 个子维度的调节作用进行了分析,结论显示,员工关系与组织灵活的调节作用显著,后两者的调节作用并不显著。产生该结果的解释可能为如下两点:一是虽旅游企业员工可能还未完全意识到消费者对环保产品的期望,并未将自身的亲环境行为与产品的市场表现进行紧密关联;二是内部流程对心理授权与员工亲环境行为的调节作用虽不成立,其对员工亲环境行为的主效应成立,这可能是由于两者间有着直接关联性,而不是通过心理授权产生间接作用。

### 5.5.3　研究二的结论

综上所述,研究二结论基于自我决定理论与社会信息加工理论,构建了变革型、交易型领导通过心理授权影响员工亲环境行为的跨层次模型,并且识别了在这一过程中建设性组织价值氛围及其子维度起到的调节作用,在夯实领导风格与员工亲环境行为关系研究的同时,对一般组织氛围与员工亲环境行为的影响也进行了创新探索,并提出了员工关系与组织灵活性是变革型、交易型领导对员工亲环境行为影响的边界条件。

# 第6章
# 变革/交易型领导、组织差序氛围与旅游企业员工亲环境行为：基于团队视角的跨层次模型

## 6.1 研究目的

基于国际文化中人际交往模式的差异,对我国企业员工关系氛围的进一步探讨是具有管理学本土化意义的。组织差序氛围在我国组织中普遍存在,从本质上来说其反映的是团队资源和权力的分布版图,并显著影响着员工层面的个体与组织层面的团体行为(刘军,章凯,仲理峰,2009;沈伊默,诸彦含,周婉茹,2019)。研究三拟将心理授权与内部人身份感知作为中介变量,组织差序氛围作为调节变量,探索这些变量在领导风格与旅游企业员工亲环境行为关系上的影响与作用机制。

## 6.2 理论基础与假设推导

### 6.2.1 社会交换理论

社会交换理论认为,人们为了获取回报和报酬与其他人进行交往(Homans,George,1958)。而在社会交换中包含经济交换与社会交换两大层次,且两者有着显著的区别(Blau,1964)。在经济交换中,双方会通过提前设定好的交换内容、形式和时间,完成短期的利益交换。而社会交换则

不存在清晰的交换准则,提供帮助和支持是双方基于一方能在未来对自己的付出作出回报的信念而做出交换行为,具有明显的长期性。具体到本研究,组织差序氛围是领导者基于组织内部资源稀缺的现实与员工建立长期社会交换的模式。

### 6.2.2  变革/交易型领导与员工亲环境行为

员工亲环境行为指的是组织中员工实施的有助于环境可持续性或自愿展现的一系列保护生态环境的行为(Ones,Dilchert,2012)。因亲环境行为并未被写入员工工作职责或考核细则中,属于典型的组织公民行为。根据社会交换理论,员工与领导的高质量交换关系是他们更高工作绩效、更少离职意愿及更多组织公民行为的关键影响因素(Hendrix,Robbins,Miller,et al.,1998)。对变革型领导而言,其倾向于通过树立道德情操方面的榜样作用去激发员工内在的需求,号召他们通过自我实现的方式去完成组织的各类任务目标(Bass,1985)。变革型领导与员工间通常有着较强的依恋和认同感情,基于组织与自身长期的发展考虑,员工愿意付出额外的时间去开展工作职责之外的组织公民行为。而对交易型领导而言,因其是一种强目的性的领导风格,其提倡明晰的工作奖赏报酬,及对员工的行为进行及时的经济交换或处罚(Bass,1985),两者所建立的是短期的经济利益交换,员工会尽量避免将有限的精力投入组织公民行为相关活动。基于以上分析,提出假设:

H1a:变革型领导对员工亲环境行为产生正向作用;

H1b:交易型领导对员工亲环境行为产生负向作用。

### 6.2.3  心理授权的中介作用

领导风格已被证实是影响员工心理授权的重要因素(Seibert,Wang,Courtright,2011)。目前变革型领导对员工亲环境行为影响已有专门研究(Piccolo,Colquitt,2006;Wright,Moynihan,Pandey,et al.,2012;Pradhan,Panda,Jena,2017),早期学界基于思辨理论演绎提出变革型领导因能将企业愿景与员工自我概念紧密关联,强调员工的独立性并给予员工较高的信任,会对其心理授权产生促进作用(Shamir,House,Arthur,1993;Shamir,1991;Podsakoff,Mackenzie,Moorman,et al.,1990)。随后,两者间正向关系的实证研究获得进一步积累,如 Kark,Shamir,Chen (2003)研究便发现变革型领导对心理授权产生的积极作用并非通过员工对领导者个人认同形成,而是基于其对组织整体社会认同实现的。Avolio,Zhu,Koh,et al.(2004)的研究也指出变革型领导会通过正向影响员工心理授权,达成提升组织承诺、工作绩效等系列正向效应,这一结论与此后的众多学者的研究结论相一致(Tsang,Du,Teng,2022;Bin,Alfayez,2021;Pradhan,Panda,Jena,2017;Dust,Resick,Mawritz,2014)。由此,提出假设:

H10a：变革型领导对心理授权产生正向作用。

而对交易型领导而言,学界普遍认为其与心理授权间有着负向关联性 (Bian,Sun,Zuo,et al.,2019;Tung,2016)。交易型领导倾向于回避风险,通过权变奖励和例外管理与员工进行交换和工作引导(Burns,1978),是一种上级制定与监管,下级执行与服从的领导方式(Bass,1985)。因此,交易型领导虽能通过领导—成员交换对组织绩效与部分员工行为产生积极影响,但也会因心理授权的损耗对员工自愿性行为产生消极影响(Young,Glerum,Joseph,et al.,2021)。由此,提出假设:

H10b：交易型领导对心理授权产生负向作用。

另外,高心理授权的员工通常拥有更高的决策权和优越感,他们秉持着有义务去奉献组织、帮助他人,通过自身努力使组织绩效得到提升的想法,更多地开展工作职责外的组织公民行为以推动组织长期的发展(刘云,石金涛,2010)。已有研究中,Spreitzer(1995)最早验证了高心理授权员工会对组织内未来发展的建设性改变感到有责任及担当,并因此愿意付出额外努力去开展组织公民行为。随后,Jaleh,Farashah,Mehdi(2014)也指出,心理授权是员工个人—组织匹配度即个人—工作匹配度与组织公民行为的重要中介变量。又如 Newman,Schwarz,Cooper,et al.(2017)通过对服务型领导开展的研究,指出心理授权的提升能显著激发员工频繁地开展组织公民行为。Ma,Zhang,Xu,et al.(2021)则基于酒店企业情境,检验了心理授权与前台员工组织公民行为的正相关性。可见,心理授权与组织公民行为具有正相关性的研究结论已有了较完备的理论基础。然而,目前心理授权与员工亲环境行为关系的专门研究还很少见。因员工亲环境行为隶属于组织公民行为,研究三推断员工心理授权会对亲环境行为产生正向影响。由此,提出假设:

H11:心理授权对员工亲环境行为起到正向作用。

综合 H10 与 H11 假设,提出假设:

H12a:心理授权在变革型领导与亲环境行为关系上起到中介作用;

H12b:心理授权在交易型领导与亲环境行为关系上起到中介作用。

### 6.2.4　内部人身份感知的中介作用

内部人身份感知是指员工对自身被组织当作自己人的感知程度,体现出员工与组织关系的亲近和信赖程度(Stamper,Masterson,2002;Hui,Lee,Wang,2015;Pearce,Randel,2004)。根据自我概念理论,内部人身份感知包含自我评价和自我感觉两大维度(Ding,Shen,2015),而这两大维度的生成均主要来源于组织中的领导者(Bono,Judge,2003)。对变革型领导而言,其通过展示个人魅力、描绘企业愿景、鼓励创新和关心员工个人发展,促使员工最大限度地发掘自身的潜力来提升团队效能(Higgins,1997)。因此,变革型领导的下属能显著感受到被领导尊重、关怀及接纳,并带来内部人身份感知的提升(汪林,储小平,倪靖,2009;Wang,Zhou,Liu,2018)。而对于交易型领导来说,因其与员工达成的是一种现实的契约关系,双方通过短期的利益交换来实现各自目的(Higgins,1997),因此员工能清晰感受到自身并不处于组织的重要或核心部分。与此同时,Wang,Kim(2013)指出分权是影响员工的内部人身份感知的重要因素。交易型领导擅长运用组织规章制度对员工表现进行奖罚(Higgins,1997),管理方式较为集权。因此,研究三推断变革型领导可能对内部人身份感知产生正向影响,而交易型领导的作用则相反。由此,提出假设:

H16a:变革型领导对内部人身份感知产生正向作用;

H16b:交易型领导对内部人身份感知产生负向作用。

进一步,高内部人身份感知的员工具有更强的组织归属感(Stamper,Masterson,2002),更为理解、认同和支持组织的目标(晁小景,宫树梅,2022),倾向于将组织的利益置于个人利益之上。已有文献中,高内部人身份感知与组织公民行为间的正相关性被多位学者所验证(Stamper,Masterson,2002;钟熙,付晔,王甜,2019)。相反,若员工的内部人身份感知较低,其与组织的关联意识和情感纽带就会被破坏(Stamper,Masterson,2002),其将不再愿意承担更多职责范围外的工作。相关的实证研究,如Wang,Wang,Ru,et al. (2019)基于自恋型领导理论发现该类领导风格导致的员工组织公民行为显著下降是通过内部人身份感知这一中介因素传导的。基于以上分析,推断内部人身份感知对旅游企业员工亲环境行为产生正向影响。由此,提出假设：

H17：内部人身份对员工亲环境行为起到正向作用。

综合 H3 和 H6 假设,本研究认为变革型领导的员工有着高内部人身份感知,更为乐意开展亲环境行为。而交易型领导的员工则具有较低的内部人身份感知,并会尽量避免实施亲环境行为。由此,提出假设：

H18a：内部人身份感知在变革型领导对亲环境行为影响上起到中介作用；

H18b：内部人身份感知在交易型领导对亲环境行为影响上起到中介作用。

## 6.2.5 心理授权与内部人身份感知的链式中介作用

心理授权是一种动机状态,表现在工作意义、能力、自我效能、工作影响四种认知中(Spreitzer,1995)。其中,工作意义是指个人的工作角色与个体的信念、价值观和标准一致,认可工作的价值和重要性;工作能力是指一个人对成功完成工作的信心;自我效能是个体对自己的行为可以进行主动调节的认知;工作影响是个体相信自己可以影响组织的战略、管理或运营活动和结果(龙立荣,陈琇霖,2021)。由此,可推断的是高心理授权员工对工作意义有着清晰且深刻的认识,他们通常对自我在组织中的重要性深信不疑,并对组织有着强烈的责任感,具有较高的内部人身份感知(尹俊,王辉,黄鸣鹏,2012)。并且,高心理授权员工倾向于自主开展和规范工作行为,并拥有更多参与和影响战略管理、营运决策过程和结果的机会,这些都有利于强化其内部人身份感知(王伟,于吉萍,张善良,2019)。因此,推断心理授权对员工内部人身份感知有着正向影响。由此,提出假设:

H19:心理授权对内部人身份感知起到正向作用。

综合 H12、H18 和 H19 假设,推断变革型领导的员工具有更高的心理授权及内部人身份感知,更为乐意开展亲环境行为。而交易型领导的员工则具有较低心理授权及内部人身份感知,并会尽量避免开展亲环境行为。由此,提出假设:

H20a:心理授权与内部人身份感知在变革型领导对员工亲环境行为影响上起到链式中介作用;

H20b:心理授权与内部人身份感知在交易型领导对员工亲环境行为影响上起到链式中介作用。

### 6.2.6 组织差序氛围的调节作用

组织差序氛围指的是团队成员感知到领导者依据关系亲疏的差异程度给予个别成员不同对待的共识程度(刘军,章凯,仲理峰,2009)。在高差序氛围的组织中,组织内存在"圈内"与"圈外"两类员工。对圈内员工而言,其与管理者的关系很紧密,能够得到组织的信任和重用,并时常与领导保持着频繁的交换关系(张庆红,孙雨晴,李朋波,2018)。然而,这类员工虽会在工作中被给予更多的资源与关注,但因深知自身受领导的"照顾"随时面临着重新洗牌的可能,在付出额外努力对"内部人"地位进行巩固的同时,他们通常存在着较高的不安全感与不信任感(刘军,章凯,仲理峰,2009)。另一方面,对于"圈外"员工而言,其受到领导关怀很低,能够显著感受到领导对"圈内"员工的偏私,并由此产生强烈的边缘化感受,因此他们的内部人身份感知通常较弱(孙继伟,林强,2021)。与此相反,在低差序氛围的组织中并不存在"圈内"与"圈外"员工的显著差异,领导主要基于员工的工作绩效进行及时奖惩并给予资源分配。因此,在低差序氛围的组织中,员工明确工作绩效是其获得晋升与发展机会的关键因素,因此对组织有着较高的安全与信任感,由此具有较高的内部人身份感知。基于以上分析,推断组织差序氛围是心理授权对内部人身份感知的正向作用的显著调节因素。由此,提出假设:

H21:组织差序氛围在心理授权与内部人身份感知关系上起到调节作用;

综合 H20 与 H21 假设,提出假设:

H22a:组织差序氛围在"变革型领导—心理授权—内部人身份感知—亲环境行为"链式中介关系上起到调节作用;

H22b:组织差序氛围在"交易型领导—心理授权—内部人身份感知—亲环境行为"的链式中介关系上起到调节作用。

综上,研究三的研究框架模型如图 6-1 所示。

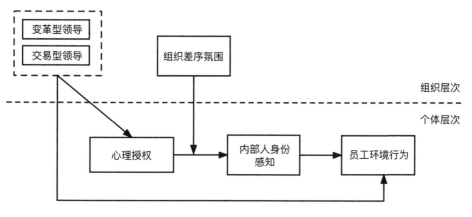

图 6-1　研究三框架模型

## 6.3　研究方法

### 6.3.1　研究样本

选取与研究二相同的包含浙江杭州市、金华市、宁波市、衢州市及丽水市的 20 家四星级、15 家五星级酒店及 8 家旅行社在内的,共 43 家企业进行相关的调查数据的收集工作。调研过程中,研究者同样会先与参与问卷调查酒店的总经理及人力资源总监沟通并说明本研究的调查目的和过程,在得到酒店高层的支持后,请人力资源总监以方便抽样的方式,邀请其所在企业的 2～3 名部门副经理以上的管理层人员参加调研,参加问卷调查的管理层人员应至少有 8 位下属员工。

在数据采集流程方面,同样采用 T1 与 T2 两个时间段分批次对研究数据进行收集,在 T1 时间段中所有员工要求完成第一部分的问卷调查,涉及测试项目包含变革型领导、交易型领导及人口统计学信息的问题。被试员工需要在 20 分钟之内完成作答,题项为 5 级李克特量表的勾选题,员工在完成问卷后将问卷装入信封直接交予研究助理。第二阶段 T2 与第一阶段相隔至少 1 个月,在 T2 时间点,所有第一时间点参加过问卷调查的员工都会被重新邀请填写第二份问卷。该问卷包含心理授权、建设性组织氛围、组织差序氛围三项变量的测试题项,同样被试员工需要在 20 分钟之内完成作答,并将完成后的问卷装入信封直接交予研究助理。在 T2 时间段也将完成对管理者数据的收集工作,具体步骤为将标注员工工号和姓名的调查问卷用电子邮件的形式发送给参加调查的部门领导,要求领导在 48 小时内完成领导问卷的填写,并以邮件形式返回。领导问卷包括其个人统计学信息及对已完成 T1、T2 阶段调研的员工的亲环境行为进行评价的相关问项。

数据采集于 2022 年 1 月 1 日至 4 月 1 日开展,最终获得 79 个领导—员工配对群组,共 450 份有效员工样本,每组平均样本量为 5.7 人。关于参与调研的 450 份员工样本,男性占 40.9%,女性占 59.1%;员工年龄中,小于 20 岁占 5.8%,21～29 岁占 45.3%,30～39 岁占 22.4%,40～49 岁占 19.1%,50 岁以上占 7.3%;员工学历中,专科以下占 33.3%,大专占 44.4%,本科占 21.1%,硕士及以上占 1.1%;员工工作年限,小于 1 年占 16.7%,1～3 年占 25.6%,4～6 年占 16.2%,7～9 年占 11.1%,大于 10 年占 30.4%;员工身份中,一般员工占 64%,基层主管占 36%。而对参与调查的 79 位领导而言,男性占 57%,女性占 43%;领导年龄,20 岁以下为 0,21～29 岁占 10.1%,30～39 岁占 29.1%,40～49 岁占 44.3%,50 岁以上占 16.5%;领导学历,专科以下占 19%,大专占 30.4%,本科占 36.7%,硕士及以上占 13.9%；领导工作年限，小于 1 年为 0,1~3 年占 10.1%,4~6 年占 20.3%,7~9 年占 31.6%,大于 10 年占 38%；团队规模，小于等于 6 人占 22.8%,7~12 人占 44.3%,大于 12 人占 32.9%；职级，基层主管占 59.5%,中层主管占 25.3%,高层主管占 15.2%。

## 6.3.2　变量测量

采用纸质问卷的形式发放问卷，所有的量表均来自国内外核心期刊，本书遵循反向翻译的原则(Brislin，1973)对原始量表进行翻译，将翻译形成的量表在 30 名酒店实习生中进行一次预测试。根据预测试中实习生的反馈，对语义不明或存在歧义的题项进行修改，以保证研究中的问卷测量内容效度。所有题项均以五级李克特量表进行测量,1 代表"非常不同意"，程度不断向前推进,5 代表"非常同意"。

(1) 变革型领导。采用 Bass，Avolio(1989)的 20 项题项作为变革型领导量表。该量表包括领导魅力(CH)、个人关怀(IC)和智力刺激(IS)3 个子维度,其中领导魅力共 12 个题项,如"不贪图私利""能获得我的尊重"和"具有权威与自信"等；个人关怀共 4 个题项,如"有个性化关注""有关注到你的优点"等；智力刺激共 4 个题项,如"审视假设""寻找不同观点"等。变革型领导的克朗巴哈系数为 0.942,其中,领导魅力、个人关怀和智力刺激维度的克朗巴哈系数分别为 0.951、0.826 和 0.886。

(2) 交易型领导。采用 Bass，Avolio(1989)的 16 项题项作为交易型领导量表。该量表包括权变奖励(CR)、例外管理(MA)和被动型领导(PA)3 个子维度,其中权变奖励共 4 个题项,包括"会阐明奖励""会基于努力提供协助"等。例外管理共 4 个题项,包括"会关注你的错误""会解决问题"等。被动型领导共 8 个题项,包括"当问题严重时才采取行动""失败后采取行动"等。交易型领导的克朗巴哈系数为 0.912,其中,权变奖励、例外管理和被动型领导维度的克朗巴哈系数分别为 0.903、0.890 和 0.921。

(3) 心理授权。采用 Spreitzer(1995)的 12 项题项作为心理授权量表。该项量表包括工作意义(MN)、自主性(CM)、自我效能(SD)和工作影响(IM)4 个维度,其中工作意义共 4 个题项,包括"我做的工作是有意义的"

"我的工作对我很重要"等。自主性共 4 个题项,包括"我相信我有能力做好我的工作""我对自己的工作能力很有信心"等。自我效能共 4 个题项,包括"我有很大的自主权决定了我如何做我的工作"等。工作影响共 4 个题项,包括"我对部门的工作有很大的影响"等。心理授权的克朗巴哈系数为 0.845,其中,工作意义、自主性、自我效能、工作影响的克朗巴哈系数分别为 0.821、0.774 和 0.792 和 0.773。

(4) 内部人身份感知。采用 Stamper,Masterson(2002)的内部人身份感知量表,该量表是一项单一维度的 6 题项量表。题项如"我觉得自己是所在单位的一部分""我所在单位让我相信我是其中的一员""我觉得自己没有融入所在单位"等,同样采取五级李克特量表进行实证数据采集,内部人身份感知的克朗巴哈系数为 0.892。

(5) 组织差序氛围。采用刘军、章凯、仲理峰(2009)的组织差序氛围量表,该量表包括相互依附、偏私对待、亲信角色 3 个维度,题项包括"领导与个别下属接触频繁""领导会与团队中固定的几个同事分享他的想法及做法""在团队中,我们认为某些下属对领导的决策有很大的影响力"等,同样采取五级李克特量表进行实证数据采集,组织差序氛围的克朗巴哈系数为 0.863。其中互相依附、偏私对待和亲信角色的克朗巴哈系数分别为 0.857、0.817 和 0.707。

(6) 员工亲环境行为。采取 Bissing-Olson,Iyer,Fielding,et al. (2013)的单一维度 6 题项量表作为员工亲环境行为量表。题项如"该员工能够以环保的方式完成了分配的任务""该员工能够以环保的方式履行了工作职责"。员工亲环境行为的克朗巴哈系数为 0.886。

(7) 控制变量。研究选取了以下五大变量作为本次实验研究的控制变量,依次是被试的性别、年龄、学历、工作年限和职级。其中,将年龄分为 5 组,分别为小于 20 岁、21～29 岁、30～29 岁、40～49 岁及 50 岁以上;最高学历分为 4 组,分别为专科以下、大学专科、大学本科、硕士及以上;工作年限分为 5 组,分别为小于 1 年、1～3 年、4～6 年、7～9 年及大于 10 年;职级分为 3 组,分别为一般职员、基层主管及中级主管。另外,由于团队规模也会对员工的态度和行为及组织差序氛围产生显著影响(Jackson,Brett,

Sessa，et al.，1991)，本研究也将领导问卷中提及的团队人数纳入控制变量中进行检验，具体而言本研究将团队人数分为 3 组，分别为 8~14 人、15~20 人和 20 人以上。

### 6.3.3 数据分析方法

采用 SPSS26.0、Mplus8.3 对数据进行统计分析，分为以下四个步骤。

(1) 样本基本特征的描述性分析。对于数值型变量采用均数和标准差进行描述，对于分类变量采用频数和百分比进行描述。

(2) 问卷结构或数据质量的质量分析。首先，数据题项分值进行项目分析，评估区分度。其次，运用 Harman 单因素检验法作为共同方法偏差的检验方法。将克朗巴哈系数作为信度测量指标。最后，通过探索性因子分析和验证性因子分析探讨量表的效度，用 CR 和 AVE 分别检测组合信度和收敛效度，并建立多个验证性因子分析模型呈现拟合度，从单因子模型到基准模型的收敛过程，参照 Fornell-Larcker 准则比较改变量 AVE 开方值与其他变量的相关性系数，探讨各构念的区分效度。

(3) 数据聚合检验。运用 $ICC(1)$、$ICC(2)$、$r_{wg}$ 等指标对跨层次变量进行聚合适当性检验。

(4) 研究假设的验证。通过 Mplus8.3 构建多水平结构方程模型，探讨心理授权、内部人身份感知在变革型领导、交易型领导与员工亲环境行为间中介与链式中介作用，组织差序氛围的调节作用及对中介的调节作用。

## 6.4 数据分析结果

### 6.4.1 共同方法偏差

共同方法偏差是指因为同样的数据来源或评分者，同样的测量环境、题目语境以及题本身特征所造成的预测变量与效标变量之间人为的共变。这种人为的共变对研究结果产生严重的混淆并对结论有潜在的误导，是一种系统误差(周浩，龙立荣，2004)。本研究中的变革型、交易型领导，心理授权、组织差序氛围、内部人身份感知与员工亲环境行为的数据虽来源于员工与领导的各自报告，但仍有必要对共同方法偏差进行检验。采用 Harman 单因子检验法，可对本书的测量题项进行未旋转的探索性因素分析（EFA），结果显示，共抽取出 19 个因子，且第一个因子的方差解释率为 13.759%，小于 50%，故认为本书主要变量的共同方法偏差问题不严重（Podsakoff，Mackenzie，Moorman，et al.，2003）。

### 6.4.2　信效度分析

本研究中各变量的克朗巴哈系数均大于 0.7，具有良好的信度。为了考察变革型领导、交易型领导、心理授权、建设性组织价值氛围和员工亲环境行为之间的区分效度，采用 Mplus8.3 进行验证性因子分析。如表 6-1 所示，假设的 6 因子模型拟合度良好且明显优于其他备选模型（$\chi^2/df = 1.175 < 5$，$RMSEA = 0.020 < 0.08$，$CFI = 0.989 > 0.9$，$TLI = 0.987 > 0.9$），说明各变量之间区分效度较好（Kline，2015；吴明隆，2010）。

表 6-1　研究三验证性因子分析

| Model | $\chi^2$ | $df$ | $\chi^2/df$ | $RMSEA$ | $SRMR$ | $CFI$ | $TLI$ |
|---|---|---|---|---|---|---|---|
| 6 因子模型 | 277.337 | 236.000 | 1.175 | 0.020 | 0.035 | 0.989 | 0.987 |
| 5 因子模型 | 512.008 | 241 | 2.125 | 0.050 | 0.068 | 0.925 | 0.914 |
| 4 因子模型 | 694.580 | 245 | 2.835 | 0.064 | 0.061 | 0.875 | 0.859 |
| 3 因子模型 | 887.411 | 248 | 3.578 | 0.076 | 0.073 | 0.822 | 0.802 |
| 2 因子模型 | 1 575.341 | 250 | 6.301 | 0.109 | 0.095 | 0.632 | 0.593 |
| 1 因子模型 | 1 668.638 | 252 | 6.622 | 0.112 | 0.098 | 606.000 | 0.569 |
| Criteria | | | <5 | <0.08 | <0.08 | >0.9 | >0.9 |

注：TFL 变革型领导；TAL 交易型领导；PE 心理授权；ODA 组织差序氛围；PIS 内部人身份感知；LEB 员工亲环境行为。6 因子模型，TFL、TAL、PE、PIS、LEB、ODA；5 因子模型，TFL+TAL、PE、PIS、LEB、ODA；4 因子模型，TFL+TAL+PE、PIS、LEB、ODA；3 因子模型，TFL+TAL+PE+PIS、LEB、ODA；2 因子模型，TFL+TAL+PE+PIS+LEB、ODA；1 因子模型，TFL+TAL+PE+PIS+LEB+ODA。"+"表示两个因子合并。

### 6.4.3　数据聚合检验

多层次研究经常需要测量共享单位特性,常用方法是将单位内若干个体成员的评分聚合到单位层次,确保聚合后的分数具有充分代表性的统计前提是通过聚合适当性检验。聚合适当性检验的常用指标是组内一致性 $r_{wg}$ 和组内信度 $ICC(1)$、$ICC(2)$(朱海腾,2020)。参照 Woehr,Loignon,Schmidt(2015)和 Bliese(2000)等人的标准,当 $ICC(1)>0.059$,$ICC(2)>0.50$,$r_{wg}>0.70$,可以将成员层面的个体数据聚合为团队层面(Woehr,Loignon,Schmidt,2015;Blises,2000),结果如表 6-2 所示。

表 6-2　研究三数据聚合检验

| 变　量 | $ICC(1)$ | $ICC(2)$ | $r_{wg}$ | |
| --- | --- | --- | --- | --- |
|  |  |  | Mean | Median |
| 变革型领导 | 0.345 | 0.755 | 0.924 | 0.954 |
| 交易型领导 | 0.487 | 0.841 | 0.868 | 0.893 |
| 心理授权 | 0.439 | 0.822 | 0.831 | 0.884 |
| 组织差序氛围 | 0.489 | 0.843 | 0.757 | 0.800 |
| 内部人身份感知 | 0.437 | 0.816 | 0.809 | 0.861 |
| 员工亲环境行为 | 0.356 | 0.761 | 0.890 | 0.902 |

数据聚合检验结果表明,各变量 $ICC(1)$ 均大于 0.059,$ICC(2)$ 均高于 0.7,$r_{wg}$ 平均值、中位值均高于 0.7 标准,表明各变量均满足数据聚合要求,可以将个体成员数据聚合为团队数据。

### 6.4.4　变量性相关分析

采用 SPSS19.0 对各变量进行相关性分析,个体层面与组织层面的分析结果如表 6-3 与表 6-4 所示。

表 6-3　研究三个体层面变量相关性分析

| | 1 | 2 | 3 | 4 | 5 | 6 | 7 | 8 |
|---|---|---|---|---|---|---|---|---|
| 1 员工性别 | 1 | | | | | | | |
| 2 员工年龄 | −0.032 | 1 | | | | | | |
| 3 员工学历 | −0.020 | −0.250** | 1 | | | | | |
| 4 员工工作年限 | −0.163** | 0.641** | −0.063 | 1 | | | | |
| 5 员工职级 | −0.026 | 0.309** | −0.005 | 0.306** | 1 | | | |
| 6 心理授权 | −0.005 | −0.001 | 0.029 | 0.020 | 0.087 | 1 | | |
| 7 内部人身份感知 | −0.060 | −0.008 | −0.008 | 0.041 | 0.093* | 0.396** | 1 | |
| 8 员工亲环境行为 | −0.022 | 0.049 | −0.047 | 0.069 | 0.073 | 0.345** | 0.425** | 1 |
| M | 1.591 | 2.769 | 1.900 | 3.131 | 1.360 | 3.713 | 3.727 | 3.824 |
| SD | 0.492 | 1.057 | 0.762 | 1.496 | 0.481 | 0.786 | 0.955 | 0.778 |

注：* 表示 $P < 0.05$，** 表示 $P < 0.01$。

## 6.4.5　假设检验

### 6.4.5.1　直接效应检验

采用 Mplus8.3 建立多水平结构方程模型对心理授权在变革型、交易型领导与亲环境行为间多水平中介作用进行探讨,个体层面纳入员工性别、员工年龄、员工学历、员工工作年限、员工职级作为控制变量;团队层面纳入领导性别、领导年龄、领导学历、领导工作年限、领导职级、团队规模作为控制变量;以变革型领导、交易型领导作为自变量,心理授权、内部人身份感知作为中介变量,员工亲环境行为作为结局变量。多水平结构方程模型分析结果如图 6-2 所示。分析结果表明:变革型领导对员工亲环境行为存在显著正向影响($P < 0.01$, $\gamma = 0.283$),假设 H1a 成立;交易型领导对员工亲环境行为存在显著负向影响($P < 0.05$, $\gamma = -0.168$),假设 H1b 成立;变革型领导对心理授

表6-4 研究三组织层面相关性分析

| | 1 | 2 | 3 | 4 | 5 | 6 | 7 | 8 | 9 | 10 | 11 | 12 |
|---|---|---|---|---|---|---|---|---|---|---|---|---|
| 1 领导性别 | 1 | | | | | | | | | | | |
| 2 领导年龄 | 0.035 | 1 | | | | | | | | | | |
| 3 领导学历 | -0.040 | 0.212 | 1 | | | | | | | | | |
| 4 领导工作年限 | -0.004 | 0.578** | 0.280* | 1 | | | | | | | | |
| 5 团队规模 | 0.158 | -0.027 | 0.006 | -0.048 | 1 | | | | | | | |
| 6 领导职级 | -0.170 | 0.285* | 0.142 | 0.277* | -0.195 | 1 | | | | | | |
| 7 变革型领导 | -0.024 | 0.046 | -0.048 | -0.027 | -0.094 | 0.224* | 1 | | | | | |
| 8 交易型领导 | -0.009 | 0.166 | -0.115 | -0.034 | 0.067 | -0.046 | -0.086 | 1 | | | | |
| 9 组织差序氛围 | 0.067 | -0.006 | -0.050 | 0.096 | 0.115 | -0.023 | -0.184 | 0.212 | 1 | | | |
| 10 心理授权 | -0.025 | -0.056 | -0.053 | 0.028 | -0.073 | 0.101 | 0.332** | -0.367** | -0.002 | 1 | | |
| 11 内部人身份感知 | 0.002 | -0.029 | 0.030 | -0.075 | -0.030 | 0.065 | 0.444** | -0.518** | -0.148 | 0.588** | 1 | |
| 12 亲环境行为 | -0.198 | -0.058 | -0.024 | -0.033 | -0.087 | 0.133 | 0.472** | -0.475** | -0.144 | 0.634** | 0.699** | 1 |
| M | 1.430 | 3.671 | 2.456 | 3.975 | 2.101 | 1.557 | 4.063 | 3.322 | 3.611 | 3.717 | 3.731 | 3.833 |
| SD | 0.498 | 0.873 | 0.958 | 1.000 | 0.744 | 0.747 | 0.371 | 0.564 | 0.685 | 0.581 | 0.705 | 0.529 |

注：* 表示 $P<0.05$，** 表示 $P<0.01$。

权存在显著正向影响（$P<0.01$，$\gamma=0.464$），假设 H10a 成立；交易型领导对心理授权存在显著负向影响（$P<0.01$，$\gamma=-0.353$），假设 H10b 成立；变革型领导对内部人身份感知存在显著正向影响（$P<0.001$，$\gamma=0.557$），假设 H16a 成立；交易型领导对内部人身份感知存在显著负向影响（$P<0.001$，$\gamma=-0.484$），假设 H16b 成立；心理授权对内部人身份感知存在显著正向影响（$P<0.01$，$\gamma=0.452$），假设 H19 成立；心理授权对员工亲环境行为存在显著正向影响（$P<0.001$，$\gamma=0.267$），假设 H11 成立；内部人身份感知对员工亲环境行为存在显著正向影响（$P<0.001$，$\gamma=0.260$），假设 H17 成立。

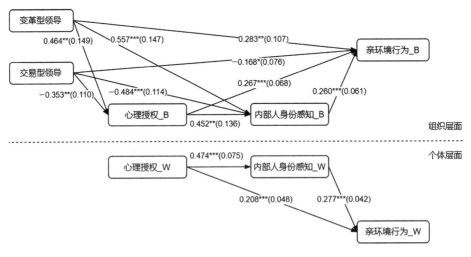

注：$^{*}$ 表示 $P<0.05$，$^{**}$ 表示 $P<0.01$，$^{***}$ 表示 $P<0.001$。

**图 6 - 2　Mplus 对研究三模型的跨层次检验结果**

#### 6.4.5.2　中介效应检验

进一步，对心理授权、内部人身份感知在变革型领导、交易型领导与员工亲环境行为间链式中介作用进行分析，结果如表 6 - 5 所示。对于心理授权、内部人身份感知在变革型领导与亲环境行为间链式中介作用而言：总效应、直接效应、总中介效应的 95％置信区间分别为[0.354，0.859]、[0.074，0.492]、[0.168，0.479]，95％置信区间均不包含 0，表明总效应、直接效应、总中介效应均显著存在，效应量分别为 0.606、0.283、0.324，总中介效应占总效应 53.5％；进一步对各中介效应进行分析：对于心理授权在变革型领导与亲环境行为间中介作用而言，其95％置信区间为[0.034，0.214]，表明心理授权在变革型领导与亲环境行为间存在显著的中介作用，中介效应量为0.124，假设H12a成立；对于内部人身份感知在变革型领导与亲环境行为间中介作用而言，中介效应95％置信区间为[0.044，0.246]，表明内部人身份感知在变革型领导与亲环境行为间存在显著中介作用，中介效应量为0.145，假设H18a成立；对于心理授权、内部人身份感知在变革型领导与亲环境行为间链式中介作用而言，链式中介95％置信区间为[0.008，0.102]，表明心理授权、内部人身份感知在变革型领导与亲环境行为间链式中介成立，链式中介作用效应量为0.055，假设H20a成立。

表6-5　研究三中介效应检验

| | | 估计值 | 标准误 | 95％LCI | 955UCI |
|---|---|---|---|---|---|
| 变革型领导 | 总效应 | 0.606 | 0.129 | 0.354 | 0.859 |
| | 直接效应 | 0.283 | 0.107 | 0.074 | 0.492 |
| | 总中介效应 | 0.324 | 0.080 | 0.168 | 0.479 |
| | 变革型领导—心理授权—员工亲环境行为 | 0.124 | 0.046 | 0.034 | 0.214 |
| | 变革型领导—内部人身份感知—员工亲环境行为 | 0.145 | 0.051 | 0.044 | 0.246 |
| | 变革型领导—心理授权—内部人身份感知—员工亲环境行为 | 0.055 | 0.024 | 0.008 | 0.102 |
| 交易型领导 | 总效应 | −0.429 | 0.091 | −0.608 | −0.250 |
| | 直接效应 | −0.168 | 0.076 | −0.316 | −0.019 |
| | 总中介效应 | −0.262 | 0.061 | −0.381 | −0.142 |
| | 交易型领导—心理授权—员工亲环境行为 | −0.094 | 0.039 | −0.170 | −0.018 |
| | 交易型领导—内部人身份感知—员工亲环境行为 | −0.126 | 0.046 | −0.216 | −0.036 |
| | 交易型领导—心理授权—内部人身份感知—员工亲环境行为 | −0.041 | 0.018 | −0.077 | −0.006 |

对于心理授权、内部人身份感知在交易型领导与亲环境行为间链式中介作用而言：总效应、直接效应、总中介效应的 95% 置信区间分别为 [−0.608，−0.250]、[−0.316，−0.019]、[−0.381，−0.142]，95% 置信区间均不包含 0，表明总效应、直接效应、总中介效应均显著存在，效应量分别为 −0.429、−0.168、−0.262，总中介效应占总效应 61.1%；进一步对各中介效应进行分析：对于心理授权在交易型领导与亲环境行为间中介作用而言，95% 置信区间为 [−0.170，−0.018]，表明心理授权在交易型领导与亲环境行为间存在显著的中介作用，中介效应量为 −0.094，假设 12b 成立；对于内部人身份感知在交易型领导与亲环境行为间中介作用而言，中介效应 95% 置信区间为 [−0.216，−0.036]，表明内部人身份感知在交易型领导与亲环境行为间存在显著中介作用，中介效应量为 −0.126，假设 H18b 成立；对于心理授权、内部人身份感知在交易型领导与亲环境行为间链式中介作用而言，链式中介 95% 置信区间为 [−0.077，−0.006]，表明心理授权、内部人身份感知在交易型领导与亲环境行为间链式中介成立，链式中介作用效应量为 −0.041，假设 H20b 成立。

### 6.4.5.3 调节效应检验

组织差序氛围调节作用的 Mplus 分析结果如下（见表 6 − 6）。对于主效应而言，心理授权对内部人身份感知存在显著正向作用（$P < 0.001$，$\gamma = 0.590$）；对于调节变量组织差序氛围对内部人身份感知的影响而言，$P > 0.05$，不具有统计学意义，表明组织差序氛围对内部人身份感知影响不显著；对于组织差序氛围对心理授权与内部人身份感知间调节作用而言，交互项（ODA×PE）对内部人身份感知存在显著负向影响（$P < 0.001$，$\gamma = -0.552$），表明组织差序氛围对心理授权与内部人身份感知存在显著负向调节作用，假设 H21 成立。

组织差序氛围对心理授权与内部人身份感知间调节作用的分解如图 6 − 3 所示，在低组织差序氛围下心理授权对内部人身份感知的影响（斜率）高于高分组组织差序氛围调节下心理授权对内部人身份感知的影响（斜率）。即随着组织差序氛围（数据）增大，心理授权对亲环境行为正向影响逐渐减弱。

表 6-6 组织差序氛围的调节效应检验

| | | 内部人身份感知 |
|---|---|---|
| 截距 | 截距 | $3.716^{***}(0.384)$ |
| 个体层控制变量 | 员工性别 | $-0.101(0.088)$ |
| | 员工年龄 | $-0.060(0.050)$ |
| | 员工学历 | $-0.042(0.055)$ |
| | 员工工作年限 | $0.029(0.037)$ |
| | 员工职级 | $0.128(0.130)$ |
| 个体层变量 | 心理授权 | $0.590^{***}(0.132)$ |
| 团队层控制变量 | 领导性别 | $0.080(0.112)$ |
| | 领导年龄 | $0.048(0.073)$ |
| | 领导学历 | $0.063(0.061)$ |
| | 领导工作年限 | $-0.085(0.049)$ |
| | 团队规模 | $-0.051(0.085)$ |
| | 领导职级 | $0.008(0.092)$ |
| 团体层变量 | 组织差序氛围 | $-0.107(0.105)$ |
| | $ODA \times PE$ | $-0.552^{***}(0.085)$ |
| 组内方差 | $\sigma^2$ | $0.758^{***}(0.063)$ |
| 组间方差 | $\tau_{00}$ | $0.254^{***}(0.058)$ |

注：$^{***}$ 表示 $P < 0.001$。

#### 6.4.5.4 有调节中介效应检验

对于组织差序氛围对心理授权在变革型、交易型领导与亲环境行为间中介作用的调节效应而言，模型分析结果表明：交互项（$ODA \times PE$）对亲环境行为存在显著负向调节作用（$P < 0.001$，$\gamma = -0.453$），如图 6-4 所示。

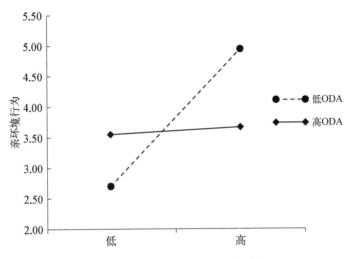

图 6-3 组织差序氛围的调节效应

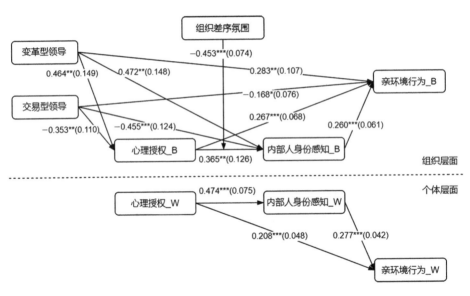

注：* 表示 $P<0.05$，** 表示 $P<0.01$，*** 表示 $P<0.001$。

图 6-4 组织差序氛围的有调节中介检验

运用 Mplus8.3 对组织差序氛围对链式中介的调节效应量进行估计，所得结论如表 6-7 所示。对于组织差序氛围对心理授权、内部人身份感知在变革型领导与亲环境行为间链式中介的调节作用而言，分析结果表明：在高低调节变量（±SD）下，中介效应差异的 95% 置信区间为[−0.138,

−0.011]，不包含 0，在组织差序氛围调节下，心理授权在变革型领导与亲环境行为间中介存在显著差异；进一步通过系数乘积法检验有调节中介效应的显著性，其 95% 置信区间为 [−0.101，−0.009]，不包含 0，表明组织差序氛围对心理授权在变革型领导与亲环境行为之间存在显著的调节作用，有调节中介效应量为 −0.055，假设 H22a 成立。

表 6−7　组织差序氛围的有调节中介效应量估计

| | | 估计值 | 标准误 | 95%LCI | 95%UCI |
|---|---|---|---|---|---|
| | Low（−SD） | 0.081 | 0.031 | 0.020 | 0.142 |
| | Median(0) | 0.044 | 0.020 | 0.005 | 0.083 |
| 变革型领导 | High（+SD） | 0.007 | 0.018 | −0.029 | 0.042 |
| | High-Low | −0.075 | 0.032 | −0.138 | −0.011 |
| | Moderated Mediation | −0.055 | 0.024 | −0.101 | −0.009 |
| | Low（−SD） | −0.062 | 0.024 | −0.108 | −0.016 |
| | Median(0) | −0.034 | 0.016 | −0.064 | −0.003 |
| 交易型领导 | High（+SD） | −0.005 | 0.014 | −0.033 | 0.022 |
| | High-Low | 0.057 | 0.023 | 0.011 | 0.102 |
| | Moderated Mediation | 0.042 | 0.017 | 0.008 | 0.075 |

对于组织差序氛围对心理授权在交易型领导与亲环境行为间中介的调节作用而言，分析结果表明：在高低调节变量（±SD）下，中介效应差异的 95% 置信区间为 [0.011，0.102]，不包含 0，在组织差序氛围调节下，心理授权在交易型领导与亲环境行为间中介存在显著差异；进一步通过系数乘积法检验有调节中介效应的显著性，其 95% 置信区间为 [0.008，0.075]，不包含 0，表明组织差序氛围对心理授权在交易型领导与亲环境行为间存在显著的调节作用，有调节中介效应量为 0.042，假设 H22b 成立。

## 6.5  研究三结论与讨论

　　基于差序格局与社会交换理论,研究三建立了变革型、交易型领导,组织差序氛围对旅游企业员工亲环境行为产生作用的跨层次模型,选择了浙江杭州市、金华市、宁波市、衢州市及丽水市的 20 家四星级、15 家五星级酒店及 8 家旅行社在内的,共 43 家企业进行相关的调查数据的收集工作,最终获得 79 个领导—员工配对群组,共 450 份有效员工样本,每组平均样本量为 5.7 人,在此基础上进行了假设检验。研究结果包括以下三点。一是领导风格是旅游企业员工亲环境行为的重要影响因素。变革型领导会对旅游企业员工亲环境行为产生促进作用,而交易型领导则反之。二是心理授权与内部人身份感知在变革/交易型领导与旅游企业员工亲环境行为间起到链式中介作用。变革型领导可以通过正向影响心理授权增强内部人身份感知,起到提升旅游企业员工亲环境行为的积极作用;交易型领导则通过负向影响心理授权降低内部人身份感知,起到阻碍旅游企业员工亲环境行为的消极作用。三是差序组织价值氛围在心理授权与内部人身份感知间起到调节作用。在高组织差序氛围组织中,心理授权与内部人身份感知间的正相关性被加强。反之,两者的关系则被减弱。四是组织差序氛围在"变革型、交易型领导—心理授权—内部人身份感知—员工亲环境行为"的中介链条上起到显著的调节作用。具体而言,其在"变革型领导—心理授权—内部人身份感知—员工亲环境行为"的作用中有着负向调节作用,而在"交易型领导—心理授权—内部人身份感知—员工亲环境行为"的作用中则有着正向调节作用。本章的研究结果梳理如表 6 - 8所示。

　　(1) 本章在心理授权与员工亲环境行为关系中纳入内部人身份感知作为中介因素,并由此建立了"变革型、交易型领导—心理授权—内部人身份感知—员工亲环境行为"的链式中介模型,在起到深化领导风格对员工亲环境行为研究的同时,对员工心理授权的效用机制也进行了深入探讨。

表 6-8　研究三假设与检验结果汇总

| 编号 | 假　　　　设 | 结　　论 |
|------|------|------|
| H1a | 变革型领导对员工亲环境行为产生正向作用 | 成立 |
| H1b | 交易型领导对员工亲环境行为产生负向作用 | 成立 |
| H10a | 变革型领导对心理授权产生正向作用 | 成立 |
| H10b | 交易型领导对心理授权产生负向作用 | 成立 |
| H11 | 心理授权对员工亲环境行为起到正向作用 | 成立 |
| H12a | 心理授权在变革型领导对亲环境行为影响上起到中介作用 | 成立 |
| H12b | 心理授权在交易型领导对亲环境行为影响上起到中介作用 | 成立 |
| H16a | 变革型领导对内部人身份感知产生正向作用 | 成立 |
| H16b | 变革型领导对内部人身份感知产生负向作用 | 成立 |
| H17 | 内部人身份感知对员工亲环境行为起到正向作用 | 成立 |
| H18a | 内部人身份感知在变革型领导对员工亲环境行为影响上起到中介作用 | 成立 |
| H18b | 内部人身份感知在交易型领导对员工亲环境行为影响上起到中介作用 | 成立 |
| H19 | 心理授权对内部人身份感知起到正向作用 | 成立 |
| H20a | 心理授权与内部人身份感知在变革型领导与亲环境行为影响上起到链式中介作用 | 成立 |
| H20b | 心理授权与内部人身份感知在交易型领导与亲环境行为影响上起到链式中介作用 | 成立 |
| H21 | 组织差序氛围在心理授权与内部人身份感知影响上起到负向调节作用 | 成立 |
| H22a | 组织差序氛围在"变革型领导—心理授权—内部人身份感知—亲环境行为"关系上起到负向调节作用 | 成立 |
| H22b | 组织差序氛围在"交易型领导—心理授权—内部人身份感知—亲环境行为"关系上起到负向调节作用 | 成立 |

（2）基于研究二中对建设性组织氛围及其下属子维度对心理授权与员工亲环境行为调节作用的验证，进一步对员工关系维度中的组织差序氛围

这一本土化情境因素进行进一步关注。区别于以往研究中少部分学者提出的组织差序氛围是中国情境中有效的"偏心管理艺术",能对员工行为起到积极作用的观点,本研究结论显示组织差序氛围在心理授权对员工亲环境行为的正向影响上起着负向调节作用,即组织差序氛围对亲环境行为而言有着消极作用,应尽量避免。

综上所述,研究三基于差序格局与社会交换理论,构建了变革/交易型领导通过心理授权与内部人身份感知影响员工亲环境行为的跨层次模型,并且识别了在这一过程中组织差序氛围的调节作用,对解答已有组织差序氛围研究中存在的问题有着一定的借鉴意义。

# 第7章
# 研究总结与展望

## 7.1　主要研究结论

　　本书基于员工个体与团队跨层次视角,综合运用调节焦点、资源保存、自我决定,社会信息加工和社会交换等理论,探索并验证了变革型、交易型领导,建设性组织价值氛围及其子维度与组织差序氛围对旅游企业员工亲环境行为的影响与作用机制。本书围绕三项研究展开。研究一,变革/交易型领导与旅游企业员工亲环境行为:基于个体视角的链式中介模型。调查企业为我国长三角地区的 17 家四星级、9 家五星级酒店,10 家旅行社及6 家景区企业,参加调研对象均为一线、基层以及中阶主管(除高层领导之外),最终获得有效样本 935 份。研究二,变革/交易型领导,建设性组织价值氛围与旅游企业员工亲环境行为:基于团队视角的跨层次模型。研究三,变革/交易型领导、组织差序氛围与旅游企业员工亲环境行为:基于团队视角的跨层次模型。后两项研究的调查企业样本与研究一不同,选取了包含浙江杭州市、金华市、宁波市、衢州市及丽水市的 20 家四星级、15 家五星级酒店及 8 家旅行社在内的,共 43 家旅游企业进行相关的调查数据的收集工作,最终获取 79 份领导—员工配对群组,450 份有效员工样本,每组平均样本量为 5.7 人。本书所得主要结论可具体分为如下三个方面。

### 7.1.1　变革型、交易型领导与员工亲环境行为直接效应

　　基于社会交换理论,揭示了变革型、交易型领导对旅游企业员工亲环境

行为的直接影响效应。具体来说,变革型领导的下属因其与领导建立起的高质量交换关系(Hendrix，Robbins，Miller，et al.，1998),倾向于从组织长期发展视角出发开展各项工作(Bass，1985),由此更愿意付出额外的精力与时间去开展工作职责之外的亲环境行为。这一结论与众多学者基于旅游行业领域外的发现具有一致性(Peng，Lee，Lu，et al.，2020；Li，Chiabura，Kirkman，2017；Robertson，Barling，2013)。而对于交易型领导而言,因其秉承"即时交换"的原则(Bass，1985),其下属员工会紧扣领导者所制定工作职责及要求开展工作,而组织公民行为会占用其履行职责内工作的大量精力,他们通常倾向于避免参与。这一发现与部分已有研究结论并不一致,如 Prasad，Junni(2016)指出的交易型领导正向影响员工创新行为这一组织公民行为。Daouk，Farmanesh，Zargar(2021) 认为交易型领导正向影响组织公平感知,进而正向影响组织公民行为。又如 Dai，Dai，Chen，et al. (2013)的研究发现,交易型领导会同时带来正向与负向影响,其中程序和分配公平的增强会正向作用于组织公民行为,而组织承诺的降低则会削弱组织公民行为。笔者认为因组织公民行为的概念较为宽泛,举例而言,虽然员工创新行为与亲环境行为同为组织公民行为,但前者与工作内职责有着更紧密的联系,因此直接借鉴前者的研究对亲环境行为进行探讨,可能失之偏颇。另外,也有部分学者提出交易型领导对员工亲环境行为同时存在正向与负向作用(Dai，Dai，Chen，et al.，2013),但对其整合性影响的结论尚未形成。因此,该部分的结论会给已有研究中交易型领导与员工组织公民行为关系存在的争论提供新颖解释与思考方向。

### 7.1.2 工作调节焦点、情绪耗竭、心理授权与内部人身份感知的中介效应

基于调节焦点理论,本书揭示了工作调节焦点与情绪耗竭分别与共同在变革型、交易型领导与旅游企业员工亲环境行为间起到中介作用。具体来说,变革型领导通过正向影响促进型工作焦点(负向影响预防型工作焦点),对旅游企业员工亲环境行为起到正向作用;交易型领导则通过正向影

响预防型工作焦点(负向影响促进型工作焦点),对旅游企业员工亲环境行为起到负向作用。该研究发现与国外相关研究的结论是一脉相承的(Lai,Hsu,Li,2018;Neubert,Kacmar,Carlson,et al.,2008;Wu,Mcmullen,Neubert,et al.,2008),是两者关系在东方文化情境中的有效检验。与此同时,基于资源保存理论,研究发现变革型领导会起到缓解旅游企业员工情绪耗竭的积极作用,而交易型领导则对旅游企业员工的情绪耗竭不存在直接作用,这与研究假设是相悖的,其可能解释为以下两种:一是如樊景立、郑伯勋(2000)指出的,当企业员工对企业制度明晰、年轻、文化素质高时,他们很容易对领导展现出的家长或权威式领导方式产生抵触心理。而本次调研中旅游企业员工普遍受教育程度较低,且参与本项研究的被试者 60% 以上是 30 岁以上的员工,因此该结论的产生很可能是源于行业特殊性与被试样本特征。二是交易型领导所存在的明确要求、交换规则与时时监督给员工带来的除了家长式的权威感外,也可能存在"公正公平、以德服人"的感受(周浩,龙立荣,2005),因此其并不一定会对员工情绪耗竭产生直接的负向影响。除此之外,研究结果也显示,工作调节焦点与情绪耗竭在变革型、交易型领导与旅游企业员工亲环境行为间起到链式中介作用。也就是变革型领导通过正向影响促进型工作焦点(负向影响预防型工作焦点)并缓解员工情绪耗竭,对旅游企业员工亲环境行为起到正向作用;而交易型领导则通过正向影响预防型工作焦点(负向影响促进型工作焦点)并加剧员工情绪耗竭,对旅游企业员工亲环境行为起到负向作用。该研究结论表明,可能交易型领导与情绪耗竭间的负向作用是存在时滞性的。

基于自我决定理论,本书揭示了心理授权在变革型、交易型领导与旅游企业员工亲环境行为间起到的中介作用。其中,变革型领导可以通过正向影响心理授权,起到提升旅游企业员工亲环境行为的积极作用;而交易型领导则通过负向影响心理授权,起到阻碍旅游企业员工亲环境行为的消极作用。该结论与已有文献研究具有一致性(Piccolo,Colquitt,2006;Bian,Sun,Zuo,et al.,2019;Tung,2016),是该结论在我国情境中的验证性研究。另外,研究对心理授权与亲环境行为间的内部人身份感知这一中介变量进行了识别,这在已有文献中较为少见。已有部分文献验证了内部人身份感知作为心理授权前置因素的作用(Kang,Cain,Busser,2021),但本书验证了内部人身份感知同时也是心理授权的效应变量,暗示着两者间可能存在互促的机制。

### 7.1.3　建设性组织价值氛围及子维度、差序氛围对员工亲环境行为的调节效应

基于社会加工理论,本书揭示了建设性组织价值氛围及其所包含的员工关系氛围与组织灵活氛围两个子维度在心理授权与旅游企业员工亲环境行为间起到的调节作用。具体来说,在建设性组织价值氛围、员工关系与组织灵活氛围三个维度高分值的组织中,心理授权与员工亲环境行为的正相关性被加强。反之,则两者的关系被减弱;进一步,建设性组织价值氛围、员工关系氛围与组织灵活氛围在"变革/交易型领导—心理授权—员工亲环境行为"的中介链条上起到显著的调节作用,即在建设性组织价值氛围、员工关系与组织灵活三个维度高分值的组织中,变革型领导正向作用于员工心理授权并由此激发亲环境行为的作用会被削弱,而交易型领导负向作用于员工心理授权并由此阻碍亲环境行为的作用会被加强,该部分结果为建立一般组织氛围与员工亲环境行为关系的相关研究奠定了坚实理论基础,并拓展了建设性组织价值氛围在员工亲环境行为研究中的应用。

基于差序格局与社会信息加工理论,本书揭示了组织差序氛围在心理授权与旅游企业员工亲环境行为间起到的调节作用。具体来说,在高组织差序氛围的组织中,心理授权与员工亲环境行为的正相关性被削弱。反之,则被加强。进一步,组织差序氛围在"变革/交易型领导—心理授权—内部人身份感知—员工亲环境行为"的中介链条上起到显著的调节作用,即在"变革型领导—心理授权—员工亲环境行为"中有着负向调节作用,而在"交易型领导—心理授权—员工亲环境行为"中则有着正向调节作用。这与大部分关于组织差序氛围与员工的沉默行为、员工漠视行为和合作意愿等组织公民行为都有着消极影响的研究有着高度一致性(朱瑜,谢斌斌,2018;于伟,张鹏,2016;杨阳,2016)。

# 7.2　理论贡献

本书综合运用焦点调节、资源保存等多项理论,通过问卷调查的方法进行了实证研究,构建了变革/交易型领导影响员工亲环境行为的单一及跨层次多项机制模型,在中国旅游企业背景下开展了三个子研究对理论研究模型进行实证检验,主要理论贡献体现在以下四个方面。

## 7.2.1　员工亲环境行为的研究

目前学界对旅游企业员工亲环境行为的研究主要聚焦于企业社会责任、绿色人力资源对其的影响与作用机制上,本书则提出实质内化是推动我国旅游企业员工内部环境责任实践由"合格"向"优秀"转变的核心动力,而领导风格则是实现实质内化的"金钥匙"。通过三项研究,本书对领导风格是旅游企业员工亲环境行为的关键影响因素开展了系列实证检验,结论显示,一方面,变革型领导正向促进旅游企业员工亲环境行为,而交易型领导负向阻碍旅游企业员工亲环境行为。另一方面,本书也基于资源保存理论,揭示了情绪耗竭在领导风格、工作调节焦点与员工亲环境行为间起到的中介作用,由此深化了员工亲环境行为研究在旅游领域的应用与发展。

## 7.2.2　调节焦点理论

本书综合运用调节焦点理论、自我决定理论与社会信息加工理论,揭开了领导风格影响员工亲环境行为作用机制的"黑箱"。本书结论显示领导风格会通过影响工作调节焦点和情绪耗竭、心理授权和内部人心理感知对旅游企业员工亲环境行为形成双路径并行的链式中介作用,这一研究发现既有助于推进对领导风格与员工亲环境行为内化机制的全面理解,也起到了对以上理论积极的检验和拓展作用。

### 7.2.3　社会信息加工理论

本书运用社会信息加工理论,将组织氛围因素纳入领导风格与员工亲环境行为关系的调节因素。已有研究多聚焦绿色心理氛围这一特定组织氛围,建立其与员工亲环境行为间的正向影响作用。一般组织氛围是特定组织氛围起效的关键及现实基础(Ehrhart, Schneider, Macey, 2014),因此本书提出在对特定组织氛围进行深入探讨的同时,建立起一般组织氛围与员工亲环境行为间的影响与作用机制。相关研究结论显示,建设性组织价值氛围、员工关系、组织灵活等维度均会对领导风格与员工亲环境行为关系产生显著影响,在推进一般组织氛围在员工亲环境行为领域应用的同时,也为领导风格、组织氛围与员工行为相关理论的互相融合和发展提供了有力支持。

### 7.2.4　差序格局与社会交换理论

本书基于差序格局与社会交换理论,明晰了组织差序氛围是领导风格与员工亲环境行为间的重要调节因素。组织差序氛围也隶属于一般组织氛围的范畴,是中国文化情境下人际交往的独特变量。研究结论表明,在高组织差序氛围中变革型领导与员工亲环境行为的正向作用被削弱,而交易型领导与员工亲环境行为间的负向作用则被增强。因此,本书结论支持了已有大多数学者提出的差序氛围消极影响员工行为的观点,为本土化管理理论的发展提供了有益思考。

## 7.3　实践启示

在生态文明建设背景下,作为自然资源的使用者和受益者,旅游企业肩负着推动全行业的绿色低碳转型和高质量发展的重要使命。依据相关理论,本书对领导风格、组织氛围与旅游企业员工亲环境行为的影响与作用机制进行了深入探讨,为中国文化情境下提升旅游企业的内部环境责任实践提供了管理启示。

### 7.3.1　情绪耗竭的挑战

我国旅游企业员工普遍存在情绪耗竭的挑战，与企业管理有一定的关系。相较于交易型领导，变革型领导可以对员工的情绪耗竭产生有效的缓解作用。因此，一方面，旅游企业的战略制定者可考虑纳入领导力培训、实践分享等手段，提升一线管理人员掌握并运用变革型领导技巧的能力，以实现对员工情绪劳动所产生资源损耗的及时补给。另一方面，基于旅游企业情绪劳动的特征，在员工招聘过程中对其固有的长期调节焦点应进行充分的考量，多招聘具有促进型个人焦点的员工并避免有着显著预防型焦点的应聘者，因促进型焦点个体关注长期发展并且更积极、乐观，他们会在未来的工作中出现较少情绪耗竭，并最大限度地减少职业倦怠与流动率。

### 7.3.2　领导风格与组织氛围

领导风格与组织氛围是影响旅游企业员工亲环境行为的关键因素，其中变革型领导、建设性组织价值氛围、员工关系氛围与组织灵活氛围都对员工亲环境行为有着积极的作用，而交易型领导与组织差序氛围则会产生消极的影响。因此，基于进一步提升我国旅游企业内部环境责任绩效的目标，旅游企业应在企业社会责任的玄关、环境责任的培训及各项绿色人力资源的倡议之外，及时对企业内部的领导力及组织氛围进行评估、调整、完善甚至整改，从源头上找寻内部环境责任实践开展效率低下的深层次原因。

### 7.3.3　组织差序氛围的消极影响

组织差序氛围对旅游企业员工亲环境行为会产生消极的影响。区别于以往少数学者提出的"偏心管理"能通过动态的管理方式为企业内部创造动态的竞争氛围，本书指出，对于亲环境行为这类组织公民行为而言，组织差序氛围对其存在着显著的负向作用。然而，组织公民行为是推进企业长期高质量发展的源泉。因此，我国企业的领导在实践中，也应充分权衡各类管理方式可能导致的利与弊，并基于企业远期维持可持续竞争发展开展管理方式的设计与实施。

## 7.4 局限性与展望

依据相关理论，本书对领导风格、组织氛围与员工亲环境行为间的关系及其作用机制进行了较为系统的探讨，得到了一些有意义的结果。为保证研究结果的可靠性，本书在参考前人做法的基础上，严格按照科学规范的要求进行设计和实施。但即便如此，仍然难以避免会存在局限性，同时也对未来研究提供了可供参考的方向。

（1）本书的目的在于探索领导风格、组织氛围对员工亲环境行为的跨层次影响机制，为厘清所涉及变量间的关系，已试图控制一些潜在的影响变量，比如个体层次的性别、年龄、教育程度、工作年限，又如团队层次的团队规模等。然而，因为研究经费与时间的限制未能对更多变量进行控制，比如主管与下属的共事时间、团队形成的时间、员工个人的环保意识等，这些有待未来研究的进一步验证。

（2）本书的研究数据采集方法还有待进一步改进。一方面，研究一被试需答题数目较多，可考虑在未来研究中分两阶段开展，以提高被试作答的准确性。另一方面，研究二与研究三均通过发放纸质问卷进行配对数据采集。然而，研究题项多涉及对领导与组织的评价，具有较强的敏感性，可能会出现员工因害怕负面评价被上级及企业知晓而做出保守打分的现象。

（3）本书对员工关系氛围中的本土化组织差序氛围进行了专题探讨，但并未对组织灵活氛围的影响做进一步检验。组织灵活氛围包括创新氛围、变革氛围、去中心化感知等维度，这些变量在员工亲环境行为的已有研究中较少涉及。因此，在未来的研究中可考虑引入这些变量，以挖掘更多影响员工亲环境行为的关键组织氛围因素。

# 附　录

## 附录1　研究一员工调查问卷 I

### 第一部分　个人信息

请在□上选择符合您个人的基本资料,以便进行数据之统计分析。

1. 性别:□ 男　□ 女

2. 年龄:□ 小于 20 岁　□ 21～29 岁　□ 30～39 岁　□ 40～49 岁　□ 50 岁以上

3. 最高学历:□ 专科以下　□ 大学专科　□ 大学本科　□ 硕士以上

4. 工作年限:□ 小于 1 年　□ 1～3 年　□ 4～6 年　□ 7～9 年　□ 大于 10 年

5. 您的职级:□ 一般职员　□ 基层主管　□ 中阶主管

### 第二部分

| 以下各题描述的是您的直接领导在工作中的一些做法,每项做法不涉及"好与坏"的评价,请根据您真实的感受,选择最合适的答案。 | 非常不同意 | 不同意 | 不一定 | 同意 | 非常同意 |
|---|---|---|---|---|---|
| 1. 以他(她)为荣 | 1 | 2 | 3 | 4 | 5 |
| 2. 不贪图私利 | 1 | 2 | 3 | 4 | 5 |
| 3. 能获得我的尊重 | 1 | 2 | 3 | 4 | 5 |
| 4. 具有权威与自信 | 1 | 2 | 3 | 4 | 5 |

| 以下各题描述的是您的直接领导在工作中的一些做法，每项做法不涉及"好与坏"的评价，请根据您真实的感受，选择最合适的答案。 | 非常不同意 | 不同意 | 不一定 | 同意 | 非常同意 |
|---|---|---|---|---|---|
| 5. 谈论价值相关的问题 | 1 | 2 | 3 | 4 | 5 |
| 6. 树立了道德标准 | 1 | 2 | 3 | 4 | 5 |
| 7. 注重道德与伦理问题 | 1 | 2 | 3 | 4 | 5 |
| 8. 强调任务的团队性 | 1 | 2 | 3 | 4 | 5 |
| 9. 充满乐观 | 1 | 2 | 3 | 4 | 5 |
| 10. 展示出自信 | 1 | 2 | 3 | 4 | 5 |
| 11. 具有热情 | 1 | 2 | 3 | 4 | 5 |
| 12. 有对重要问题的关注 | 1 | 2 | 3 | 4 | 5 |
| 13. 有个性化关注 | 1 | 2 | 3 | 4 | 5 |
| 14. 有关注到你的优点 | 1 | 2 | 3 | 4 | 5 |
| 15. 有指导与引导 | 1 | 2 | 3 | 4 | 5 |
| 16. 有个性化关怀 | 1 | 2 | 3 | 4 | 5 |
| 17. 审视假设 | 1 | 2 | 3 | 4 | 5 |
| 18. 寻找不同观点 | 1 | 2 | 3 | 4 | 5 |
| 19. 建议新方法 | 1 | 2 | 3 | 4 | 5 |
| 20. 建议新角度 | 1 | 2 | 3 | 4 | 5 |
| 21. 会阐明奖励 | 1 | 2 | 3 | 4 | 5 |
| 22. 会基于努力提供协助 | 1 | 2 | 3 | 4 | 5 |
| 23. 会基于成就给予奖励 | 1 | 2 | 3 | 4 | 5 |
| 24. 会识别到你的成就 | 1 | 2 | 3 | 4 | 5 |
| 25. 会关注你的错误 | 1 | 2 | 3 | 4 | 5 |
| 26. 会解决问题 | 1 | 2 | 3 | 4 | 5 |
| 27. 会跟踪你的错误 | 1 | 2 | 3 | 4 | 5 |

| 以下各题描述的是您的直接领导在工作中的一些做法,每项做法不涉及"好与坏"的评价,请根据您真实的感受,选择最合适的答案。 | 非常不同意 | 不同意 | 不一定 | 同意 | 非常同意 |
|---|---|---|---|---|---|
| 28. 会关注失败 | 1 | 2 | 3 | 4 | 5 |
| 29. 当问题严重时才采取行动 | 1 | 2 | 3 | 4 | 5 |
| 30. 失败后采取行为 | 1 | 2 | 3 | 4 | 5 |
| 31. 遵循"不坏不修"原则 | 1 | 2 | 3 | 4 | 5 |
| 32. 当变为慢性问题才采取行动 | 1 | 2 | 3 | 4 | 5 |
| 33. 避免参与 | 1 | 2 | 3 | 4 | 5 |
| 34. 当被需要时经常缺席 | 1 | 2 | 3 | 4 | 5 |
| 35. 避免做决定 | 1 | 2 | 3 | 4 | 5 |
| 36. 延迟回复 | 1 | 2 | 3 | 4 | 5 |

## 第三部分

| 以下各题描述的是您对现任工作(岗位)的实际做法及想法,每项题项不涉及"好与坏"的评价,请根据您真实情况,选择最合适的答案。 | 非常不同意 | 不同意 | 不一定 | 同意 | 非常同意 |
|---|---|---|---|---|---|
| 1. 工作让我感觉身心疲惫 | 1 | 2 | 3 | 4 | 5 |
| 2. 每天下班的时候,我都感觉精疲力竭 | 1 | 2 | 3 | 4 | 5 |
| 3. 我害怕早上起来面对又一天的工作 | 1 | 2 | 3 | 4 | 5 |
| 4. 我觉得工作太累了 | 1 | 2 | 3 | 4 | 5 |
| 5. 我对我的工作感到沮丧 | 1 | 2 | 3 | 4 | 5 |
| 6. 我觉得我已经被耗尽了 | 1 | 2 | 3 | 4 | 5 |
| 7. 我专注于正确完成工作任务,以增加工作安全感 | 1 | 2 | 3 | 4 | 5 |
| 8. 在工作中,我经常专注于完成那些能够满足我安全感需求的任务 | 1 | 2 | 3 | 4 | 5 |
| 9. 对我来说,在任何找工作的过程中工作稳定性都是一个重要的因素 | 1 | 2 | 3 | 4 | 5 |

续　表

| 以下各题描述的是您对现任工作（岗位）的实际做法及想法，每项题项不涉及"好与坏"的评价，请根据您真实情况，选择最合适的答案。 | 非常不同意 | 不同意 | 不一定 | 同意 | 非常同意 |
|---|---|---|---|---|---|
| 10. 我尽我所能避免工作上的损失 | 1 | 2 | 3 | 4 | 5 |
| 11. 我的注意力集中在避免工作失败上 | 1 | 2 | 3 | 4 | 5 |
| 12. 我非常小心地避免让自己在工作中遭受潜在的损失 | 1 | 2 | 3 | 4 | 5 |
| 13. 在工作中，我集中精力完成分配给我的任务 | 1 | 2 | 3 | 4 | 5 |
| 14. 对我来说，履行工作职责是很重要的 | 1 | 2 | 3 | 4 | 5 |
| 15. 在工作中，我努力做到别人给予我的责任和义务 | 1 | 2 | 3 | 4 | 5 |
| 16. 我抓住机会工作以达到晋升的最大目标 | 1 | 2 | 3 | 4 | 5 |
| 17. 为了取得成功，我倾向于在工作中冒险 | 1 | 2 | 3 | 4 | 5 |
| 18. 如果我有机会参与高风险、高回报的项目，我一定会接受 | 1 | 2 | 3 | 4 | 5 |
| 19. 如果我的工作不允许我晋升，我想找一份新的工作 | 1 | 2 | 3 | 4 | 5 |
| 20. 在找工作时，成长的机会对我来说是一个重要的因素 | 1 | 2 | 3 | 4 | 5 |
| 21. 我专注于完成能促进我进步的工作任务 | 1 | 2 | 3 | 4 | 5 |
| 22. 我花了大量的时间想象如何实现我的抱负 | 1 | 2 | 3 | 4 | 5 |
| 23. 我的工作优先级取决于我渴望成为什么样的人 | 1 | 2 | 3 | 4 | 5 |
| 24. 在工作中，我的希望和愿望激励着我 | 1 | 2 | 3 | 4 | 5 |
| 25. 今天，我以环保的方式完成了分配的任务 | 1 | 2 | 3 | 4 | 5 |
| 26. 今天，我以环保的方式履行了工作职责 | 1 | 2 | 3 | 4 | 5 |
| 27. 今天，我能够做到以环保的方式完成团队对他的期望 | 1 | 2 | 3 | 4 | 5 |
| 28. 今天，我抓住机会在工作中积极参与环境保护 | 1 | 2 | 3 | 4 | 5 |
| 29. 今天，我在工作中主动采取了环保行动 | 1 | 2 | 3 | 4 | 5 |
| 30. 今天，我在工作中为环境做了比预期更多的事情 | 1 | 2 | 3 | 4 | 5 |

# 附录2　研究二问卷施测说明函

尊敬的人力资源部负责人：

　　本问卷施测说明包含问卷构成、填写说明两方面，请您仔细阅读各部分的详细解释与说明，以协助研究助理顺利完成本次研究所涉及的部门领导及其下属员工**三份问卷**。

**1. 问卷构成**

问卷施测说明函一份

团队员工调查问卷Ⅰ一份

团队员工调查问卷Ⅱ一份

部门领导调查问卷一份

**2. 填写说明**

（1）部门领导与员工选取条件。① 请您选取所在单位的 10 名部门领导（须符合担任部门副经理以上职务，下属员工至少 8 人两项条件），并以抽签形式随机选取至少 5 位直属员工参与并填写员工调查问卷。② 请您协助部门领导事先在员工调查问卷Ⅰ、Ⅱ首页顶部的（工号：_____）部分记录下参与员工的工号，同时将此编号填写在部门领导问卷部分的指定方格内，并请协助研究助理填写本部分的部门领导—员工匹配信息表。③ 员工问卷分时间点 1 与时间点 2 两个阶段开展，请您于时间点 1 协助研究助理发放团队成员调查问卷Ⅰ；在时间点 2 协助研究助理发放团队成员调查问卷Ⅱ并邀请部门领导在该阶段完成领导问卷的填写。

　　（2）问卷填写与回收流程。① 团队员工调查问卷Ⅰ、Ⅱ部分及旅游企业部门领导调查问卷部分，研究助理均将进行 10 分钟的填写说明及答疑。② 调查问卷要求参与者在 20 分钟内完成，并由研究助理检查是否所有题项都已完成填写，并进行装袋、封存。③ 完成调查问卷。

　　感谢您对本次研究的支持与配合！

## 部门领导—员工匹配信息表

| 编号 | 部门领导（请填写工号） | 员工（请填写工号） |
|---|---|---|
| 1 | | |
| 2 | | |
| 3 | | |
| 4 | | |
| 5 | | |
| 6 | | |

# 附录3 研究二与研究三团队员工调查问卷 I

**第一部分 个人信息**

请在□上选择符合您个人的基本资料,以便进行数据之统计分析。

1. 性别:□ 男 □ 女

2. 年龄:□ 小于 20 岁 □ 21~29 岁 □ 30~39 岁 □ 40~49 岁 □ 50 岁以上

3. 最高学历:□ 专科以下 □ 大学专科 □ 大学本科 □ 硕士以上

4. 工作年限:□ 小于 1 年 □ 1~3 年 □ 4~6 年 □ 7~9 年 □ 大于 10 年

5. 您的职级:□ 一般职员 □ 基层主管 □ 中阶主管

**第二部分**

| 以下各题描述的是您的直接领导在工作中的一些做法,每项做法不涉及"好与坏"的评价,请根据您真实的感受,选择最合适的答案。 | 非常不同意 | 不同意 | 不一定 | 同意 | 非常同意 |
|---|---|---|---|---|---|
| 1. 以他(她)为荣 | 1 | 2 | 3 | 4 | 5 |
| 2. 不贪图私利 | 1 | 2 | 3 | 4 | 5 |
| 3. 能获得我的尊重 | 1 | 2 | 3 | 4 | 5 |
| 4. 具有权威与自信 | 1 | 2 | 3 | 4 | 5 |
| 5. 谈论价值相关的问题 | 1 | 2 | 3 | 4 | 5 |
| 6. 树立了道德标准 | 1 | 2 | 3 | 4 | 5 |
| 7. 注重道德与伦理问题 | 1 | 2 | 3 | 4 | 5 |
| 8. 强调任务的团队性 | 1 | 2 | 3 | 4 | 5 |
| 9. 充满乐观 | 1 | 2 | 3 | 4 | 5 |

续　表

| 以下各题描述的是您的直接领导在工作中的一些做法,每项做法不涉及"好与坏"的评价,请根据您真实的感受,选择最合适的答案。 | 非常不同意 | 不同意 | 不一定 | 同意 | 非常同意 |
|---|---|---|---|---|---|
| 10. 展示出自信 | 1 | 2 | 3 | 4 | 5 |
| 11. 具有热情 | 1 | 2 | 3 | 4 | 5 |
| 12. 有对重要问题的关注 | 1 | 2 | 3 | 4 | 5 |
| 13. 有个性化关注 | 1 | 2 | 3 | 4 | 5 |
| 14. 有关注到你的优点 | 1 | 2 | 3 | 4 | 5 |
| 15. 有指导与引导 | 1 | 2 | 3 | 4 | 5 |
| 16. 有个性化关怀 | 1 | 2 | 3 | 4 | 5 |
| 17. 审视假设 | 1 | 2 | 3 | 4 | 5 |
| 18. 寻找不同观点 | 1 | 2 | 3 | 4 | 5 |
| 19. 建议新方法 | 1 | 2 | 3 | 4 | 5 |
| 20. 建议新角度 | 1 | 2 | 3 | 4 | 5 |
| 21. 会阐明奖励 | 1 | 2 | 3 | 4 | 5 |
| 22. 会基于努力提供协助 | 1 | 2 | 3 | 4 | 5 |
| 23. 会基于成就给予奖励 | 1 | 2 | 3 | 4 | 5 |
| 24. 会识别到你的成就 | 1 | 2 | 3 | 4 | 5 |
| 25. 会关注你的错误 | 1 | 2 | 3 | 4 | 5 |
| 26. 会解决问题 | 1 | 2 | 3 | 4 | 5 |
| 27. 会跟踪你的错误 | 1 | 2 | 3 | 4 | 5 |
| 28. 会关注失败 | 1 | 2 | 3 | 4 | 5 |
| 29. 当问题严重时才采取行动 | 1 | 2 | 3 | 4 | 5 |
| 30. 失败后采取行为 | 1 | 2 | 3 | 4 | 5 |
| 31. 遵循"不坏不修"原则 | 1 | 2 | 3 | 4 | 5 |
| 32. 当变为慢性问题才采取行动 | 1 | 2 | 3 | 4 | 5 |

续 表

| 以下各题描述的是您的直接领导在工作中的一些做法，每项做法不涉及"好与坏"的评价，请根据您真实的感受，选择最合适的答案。 | 非常不同意 | 不同意 | 不一定 | 同意 | 非常同意 |
|---|---|---|---|---|---|
| 33. 避免参与 | 1 | 2 | 3 | 4 | 5 |
| 34. 当被需要时经常缺席 | 1 | 2 | 3 | 4 | 5 |
| 35. 避免做决定 | 1 | 2 | 3 | 4 | 5 |
| 36. 延迟回复 | 1 | 2 | 3 | 4 | 5 |

## 第三部分

| 以下各题描述的是您在所在单位开展工作的具体做法，每项题项不涉及"好与坏"的评价，请根据您真实的想法，选择最合适的答案。 | 非常不同意 | 不同意 | 不一定 | 同意 | 非常同意 |
|---|---|---|---|---|---|
| 1. 我做的工作是有意义 | | | | | |
| 2. 我的工作对我很重要 | | | | | |
| 3. 我的工作活动对我个人来说很有意义 | | | | | |
| 4. 我相信我有能力做好我的工作 | | | | | |
| 5. 我对自己的工作能力很有信心 | | | | | |
| 6. 我已经掌握了工作所需的技能 | | | | | |
| 7. 我有很大的自主权决定了我如何做我的工作 | | | | | |
| 8. 我可以自己决定如何着手做我的工作 | | | | | |
| 9. 我有相当大的机会在工作中获得独立和自由 | | | | | |
| 10. 我对部门的工作有很大的影响 | | | | | |
| 11. 我可以自己决定如何着手做我的工作 | | | | | |
| 12. 我对部门内发生的事情有很大的影响力 | | | | | |
| 13. 我觉得自己是所在单位的一部分 | | | | | |
| 14. 我所在单位让我相信我是其中的一员 | | | | | |

续　表

| 以下各题描述的是您在所在单位开展工作的具体做法,每项题项不涉及"好与坏"的评价,请根据您真实的想法,选择最合适的答案。 | 非常不同意 | 不同意 | 不一定 | 同意 | 非常同意 |
|---|---|---|---|---|---|
| 15. 我觉得我在所在单位里像个局外人 | | | | | |
| 16. 我觉得自己没有融入所在单位 | | | | | |
| 17. 我觉得自己是所在单位中的一员 | | | | | |
| 18. 我的工作组织使我经常被"忽略" | | | | | |

# 附录4　研究二与研究三团队员工调查问卷 Ⅱ

## 第一部分　个人信息

请在□上选择符合您个人的基本资料,以便进行数据之统计分析。

1. 性别:□ 男　□ 女

2. 年龄:□ 小于 20 岁　□ 21～29 岁　□ 30～39 岁　□ 40～49 岁　□ 50 岁以上

3. 最高学历:□ 专科以下　□ 大学专科　□ 大学本科　□ 硕士以上

4. 工作年限:□ 小于 1 年　□ 1～3 年　□ 4～6 年　□ 7～9 年 □ 大于 10 年

5. 您的职级:□ 一般职员　□ 基层主管　□ 中阶主管

## 第二部分

| 以下各题描述的是您对所在单位的想法,每项题项不涉及"好与坏"的评价,请根据您所感受到的真实情况,选择最合适的答案。 | 非常不同意 | 不同意 | 不一定 | 同意 | 非常同意 |
|---|---|---|---|---|---|
| 1. 重视员工参与与开放讨论 | 1 | 2 | 3 | 4 | 5 |
| 2. 重视员工关心的问题和想法 | 1 | 2 | 3 | 4 | 5 |

| 以下各题描述的是您对所在单位的想法,每项题项不涉及"好与坏"的评价,请根据您所感受到的真实情况,选择最合适的答案。 | 非常不同意 | 不同意 | 不一定 | 同意 | 非常同意 |
|---|---|---|---|---|---|
| 3. 重视员工关系、团队和凝聚力 | 1 | 2 | 3 | 4 | 5 |
| 4. 重视道德 | 1 | 2 | 3 | 4 | 5 |
| 5. 重视创新与变革 | 1 | 2 | 3 | 4 | 5 |
| 6. 重视解决问题的新思路 | 1 | 2 | 3 | 4 | 5 |
| 7. 重视去中心化 | 1 | 2 | 3 | 4 | 5 |
| 8. 重视新思路 | 1 | 2 | 3 | 4 | 5 |
| 9. 强调结果的卓越与质量 | 1 | 2 | 3 | 4 | 5 |
| 10. 强调完成工作 | 1 | 2 | 3 | 4 | 5 |
| 11. 强调目标达成 | 1 | 2 | 3 | 4 | 5 |
| 12. 强调尽最大努力 | 1 | 2 | 3 | 4 | 5 |
| 13. 有可预测的结果 | 1 | 2 | 3 | 4 | 5 |
| 14. 有稳定性与连续性 | 1 | 2 | 3 | 4 | 5 |
| 15. 有秩序 | 1 | 2 | 3 | 4 | 5 |
| 16. 有可靠性 | 1 | 2 | 3 | 4 | 5 |
| 17. 领导与个别下属接触频繁 | 1 | 2 | 3 | 4 | 5 |
| 18. 领导会与团队中固定的几个同事分享他的想法及做法 | 1 | 2 | 3 | 4 | 5 |
| 19. 在团队中,我们认为某些下属对领导的决策又很大的影响力 | 1 | 2 | 3 | 4 | 5 |
| 20. 在团队中,领导与个别下属的感情亲密 | 1 | 2 | 3 | 4 | 5 |
| 21. 领导会通过特定的下属来传达信息 | 1 | 2 | 3 | 4 | 5 |
| 22. 在团队中,领导有特别信任的下属 | 1 | 2 | 3 | 4 | 5 |
| 23. 在整个团队中,我们感觉领导对下属的差别待遇比较大 | 1 | 2 | 3 | 4 | 5 |

| 以下各题描述的是您对所在单位的想法，每项题项不涉及"好与坏"的评价，请根据您所感受到的真实情况，选择最合适的答案。 | 非常不同意 | 不同意 | 不一定 | 同意 | 非常同意 |
|---|---|---|---|---|---|
| 24. 有些下属升迁比其他员工快的很多 | 1 | 2 | 3 | 4 | 5 |
| 25. 领导常会把私人事情交给个别下属处理 | 1 | 2 | 3 | 4 | 5 |
| 26. 有特定的下属会协助领导解决一些例行工作 | 1 | 2 | 3 | 4 | 5 |
| 27. 有特定的下属可代行领导的大部分职务 | 1 | 2 | 3 | 4 | 5 |

# 附录5　研究二与三部门领导调查问卷

## 第一部分　个人信息

请在□上选择符合您个人的基本资料，以便进行数据之统计分析。

1. 性别：□ 男　□ 女

2. 年龄：□ 小于 20 岁　□ 21～29 岁　□ 30～39 岁　□ 40～49 岁　□ 50 岁以上

3. 最高学历：□ 专科以下　□ 大学专科　□ 大学本科　□ 硕士以上

4. 工作年限：□ 小于 1 年　□ 1～3 年　□ 4～6 年　□ 7～9 年　□ 大于 10 年

5. 您的团队成员人数：□ 8～14 人　□ 15～20 人　□ 20 人以上

## 第二部分　一号员工的亲环境行为评价

| 以下各题描述的是您对所需评价员工在工作中开展环保实践的实际评价，请根据您真实的想法，选择最合适的答案。 | 非常不同意 | 不同意 | 不一定 | 同意 | 非常同意 |
|---|---|---|---|---|---|
| 该员工能够以环保的方式完成分配的任务 | 1 | 2 | 3 | 4 | 5 |
| 该员工能够以环保的方式履行工作职责 | 1 | 2 | 3 | 4 | 5 |

| 以下各题描述的是您对所需评价员工在工作中开展环保实践的实际评价,请根据您真实的想法,选择最合适的答案。 | 非常不同意 | 不同意 | 不一定 | 同意 | 非常同意 |
|---|---|---|---|---|---|
| 该员工能够以环保的方式完成团队对他的期望 | 1 | 2 | 3 | 4 | 5 |
| 该员工能够抓住机会在工作中积极参与环境保护 | 1 | 2 | 3 | 4 | 5 |
| 该员工能够在工作中为环境做比预期更多的事情 | 1 | 2 | 3 | 4 | 5 |
| 该员工为环保工作做的比预期的要多 | 1 | 2 | 3 | 4 | 5 |

### 第三部分　二号员工的亲环境行为评价

| 以下各题描述的是您对所需评价员工在工作中开展环保实践的实际评价,请根据您真实的想法,选择最合适的答案。 | 非常不同意 | 不同意 | 不一定 | 同意 | 非常同意 |
|---|---|---|---|---|---|
| 该员工能够以环保的方式完成分配的任务 | 1 | 2 | 3 | 4 | 5 |
| 该员工能够以环保的方式履行工作职责 | 1 | 2 | 3 | 4 | 5 |
| 该员工能够以环保的方式完成团队对他的期望 | 1 | 2 | 3 | 4 | 5 |
| 该员工能够抓住机会在工作中积极参与环境保护 | 1 | 2 | 3 | 4 | 5 |
| 该员工能够在工作中为环境做比预期更多的事情 | 1 | 2 | 3 | 4 | 5 |
| 该员工为环保工作做的比预期的要多 | 1 | 2 | 3 | 4 | 5 |

### 第四部分　三号员工的亲环境行为评价

| 以下各题描述的是您对所需评价员工在工作中开展环保实践的实际评价,请根据您真实的想法,选择最合适的答案。 | 非常不同意 | 不同意 | 不一定 | 同意 | 非常同意 |
|---|---|---|---|---|---|
| 该员工能够以环保的方式完成分配的任务 | 1 | 2 | 3 | 4 | 5 |
| 该员工能够以环保的方式履行工作职责 | 1 | 2 | 3 | 4 | 5 |
| 该员工能够以环保的方式完成团队对他的期望 | 1 | 2 | 3 | 4 | 5 |
| 该员工能够抓住机会在工作中积极参与环境保护 | 1 | 2 | 3 | 4 | 5 |

| 以下各题描述的是您对所需评价员工在工作中开展环保实践的实际评价,请根据您真实的想法,选择最合适的答案。 | 非常不同意 | 不同意 | 不一定 | 同意 | 非常同意 |
|---|---|---|---|---|---|
| 该员工能够在工作中为环境做比预期更多的事情 | 1 | 2 | 3 | 4 | 5 |
| 该员工为环保工作做的比预期的要多 | 1 | 2 | 3 | 4 | 5 |

## 第五部分　四号员工的亲环境行为评价

| 以下各题描述的是您对所需评价员工在工作中开展环保实践的实际评价,请根据您真实的想法,选择最合适的答案。 | 非常不同意 | 不同意 | 不一定 | 同意 | 非常同意 |
|---|---|---|---|---|---|
| 该员工能够以环保的方式完成分配的任务 | 1 | 2 | 3 | 4 | 5 |
| 该员工能够以环保的方式履行工作职责 | 1 | 2 | 3 | 4 | 5 |
| 该员工能够以环保的方式完成团队对他的期望 | 1 | 2 | 3 | 4 | 5 |
| 该员工能够抓住机会在工作中积极参与环境保护 | 1 | 2 | 3 | 4 | 5 |
| 该员工能够在工作中为环境做比预期更多的事情 | 1 | 2 | 3 | 4 | 5 |
| 该员工为环保工作做的比预期的要多 | 1 | 2 | 3 | 4 | 5 |

## 第六部分　五号员工的亲环境行为评价

| 以下各题描述的是您对所需评价员工在工作中开展环保实践的实际评价,请根据您真实的想法,选择最合适的答案。 | 非常不同意 | 不同意 | 不一定 | 同意 | 非常同意 |
|---|---|---|---|---|---|
| 该员工能够以环保的方式完成分配的任务 | 1 | 2 | 3 | 4 | 5 |
| 该员工能够以环保的方式履行工作职责 | 1 | 2 | 3 | 4 | 5 |
| 该员工能够以环保的方式完成团队对他的期望 | 1 | 2 | 3 | 4 | 5 |
| 该员工能够抓住机会在工作中积极参与环境保护 | 1 | 2 | 3 | 4 | 5 |
| 该员工能够在工作中为环境做比预期更多的事情 | 1 | 2 | 3 | 4 | 5 |
| 该员工为环保工作做的比预期的要多 | 1 | 2 | 3 | 4 | 5 |

# 参考文献

晁小景,宫树梅,2022.情感型领导对员工关系绩效的影响:内部人身份感知的作用[J].领导科学(4):86-89.

曹元坤,徐红丹,2017.调节焦点理论在组织管理中的应用述评[J].管理学报,14(08):1254-1262.

陈春花,马胜辉,2017.中国本土管理研究路径探索:基于实践理论的视角[J].管理世界(11):158-169.

邓娜,孙烨超,2021.情绪智力对班主任的离岗意愿的影响研究:基于情绪劳动与情绪耗竭的中介作用[J].基础教育,18(5):11.

段锦云,王娟娟,朱月龙,2014.组织氛围研究:概念测量、理论基础及评价展望[J].心理科学进展,22(12):1964-1974.

樊景立,郑伯勋,2000.华人组织的家长式领导:一项本土文化的分析[J].本土心理学研究(13):127-180.

范黎波,杨金海,史洁慧,2017.女性领导力特质对员工绩效的影响研究:基于团队氛围的中介效应[J].南京审计大学学报(4):34-43.

费孝通,1998.乡土中国、生育制度、乡土重建[M].北京:商务印书馆.

冯秋婷,2008.西方领导理论研究[M].北京:人民出版社.

高良谋,王磊,2013.偏私的领导风格是否有效?——基于差序式领导的文化适应性分析与理论延展[J].经济管理,35(4):183-194.

龚金红,杨珍珍,谢礼珊,2014.国内旅游集团环境政策、实践及策略研究:基于企业环境信息披露的内容分析[J].中国人口资源与环境,24(8):168-176.

郭于华,1994.农村现代化过程中的传统亲缘关系[J].社会学研究(6):

49－58.

侯楠,彭坚,杨皎平,2019.员工亲环境行为的研究述评与未来展望[J].管理学报,16(10):1572－1580.

黄光国,1985.人情与面子[J].经济社会体制比较(3):1－8.

黄攸立,王禹,魏志彬,等,2018.差序氛围对职业召唤的影响:自尊和心理授权的作用[J].中国人力资源开发(9):16－28.

蔡惠如,李敏,2006.劳动关系氛围对主管支持效果的调节作用[J].华东经济管理,30(6):123－128.

金淮,2021.迈向"双碳目标"——解析碳达峰、碳中和与旅游业高质量转型[J].中国会展(24):40－43.

黎耀奇,傅慧,2014.旅游企业社会责任:研究述评与展望[J].旅游学刊,29(6):107－116.

李超平,时勘,2005.变革型领导的结构与测量[J].心理学报,37(6):803－811.

李玲,2016.旅游企业环境管理:研究评析与前瞻[J].生态经济,32(8):148－152.

李霞,刘海真,李强,2021.资质过剩感和工作满意度的关系:心理契约违背与情绪耗竭的中介作用[J].中国临床心理学杂志,29(3):562－566.

李晓玉,赵申苒,高昂,等,2019.差序式领导对员工建言行为的影响:组织承诺与内部人身份认知的多重中介效应[J].心理与行为研究,17(3):408－414.

李新田,彭鹏,2018.真情还是假意? 情绪劳动策略对工作退缩行为的差异化影响[J].中国人力资源开发,35(6):50－61.

刘步,2015.领导风格对员工创新行为的影响机理研究[D].大连:东北财经大学.

刘军,章凯,仲理峰,2009.工作组织差序氛围的形成与影响:基于追踪数据的实证分析[J].管理世界(8):92－101.

刘轩,包海兰,章建石,2006.企业员工职业倦怠及其与组织公民行为关系的研究[J].中国健康心理学杂志,14(3):330－333.

刘益,刘军,宋继文,等,2007.不同情商水平下领导行为与员工组织承诺关系的实证研究[J].南开管理评论,10(2):12-18.

龙立荣,陈琇霖,2021.分享型领导对员工感知组织和谐的影响与机制研究[J].管理学报,18(2):213-222.

卢盛忠,1993.组织行为学:理论与实践[M].杭州:浙江教育出版社.

罗忠恒,林美珍,2017.授权型领导对员工服务导向行为的影响:差序氛围的调节作用[J].领导科学(14):19-22.

罗家德,周超文,郑孟育,2013.组织中的圈子分析:组织内部关系结构比较研究[J].现代财经(天津财经大学学报)(10):6-18.

毛忞歆,2009.领导风格对组织创新的影响机制研究[D].武汉:华中科技大学.

苗贵安,2017.变革型领导力研究述评[J].领导科学(19):36-38.

苗宏慧,2019.变革型和交易型领导风格对员工创新绩效的影响[J].社会科学战线,294(12):247-251.

潘持春,黄菲雨,2021.责任型领导,绿色心理氛围与员工亲环境行为:环境心理控制源的调节作用[J].南京工业大学学报:社会科学版,20(1):99-110.

彭正龙,赵红丹,2011.组织差序氛围对团队创新绩效的影响机制研究:知识转移的视角[J].科学学研究,29(8):1207-1215.

戚振江,张小林,2001.领导行为理论:交换型和变革型领导行为[J].经济管理(12):33-37.

荣鹏飞,苏勇,张岚,2021.CEO变革型领导,高管团队认知决策行为与企业决策绩效:团队氛围的调节效应[J].复旦学报(社会科学版)(3):167-177.

沈伊默,诸彦含,周婉茹,等,2019.团队差序氛围如何影响团队成员的工作表现?——一个有调节的中介作用模型的构建与检验[J].管理世界,35(12):110-121.

孙继伟,林强,2021.差序氛围感知如何影响员工知识破坏行为:一个被调节的双中介模型[J].科技进步与对策(12):1-10.

汤敏慧,彭坚,2019.绿色变革型领导对团队亲环境行为的影响：基于社会认知视角的本土探索[J].心理科学,242(6)：200-206.

汪林,储小平,倪婧,2009,领导—部属交换、内部人身份认知与组织公民行为：基于本土家族企业视角的经验研究[J].管理世界(1)：97-107+188.

汪京强,冯萍,邢宁宁,等,2021.酒店员工情绪劳动策略对任务绩效的影响——基于ERP的研究[J].旅游科学,35(4)：37-52.

王红丽,张筌钧,2016.被信任的代价：员工感知上级信任、角色负荷、工作压力与情绪耗竭的影响关系研究[J].管理世界(8)：110-125.

王晓辰,夏冰楠,李清,等,2021.受害者视角下职场不文明行为对组织公民行为影响的双路径机制[J].心理科学,44(4)：918-925.

王兴,2018.差序式领导与"偏心"管理艺术[J].领导科学,726(25)：24-26.

王伟,于吉萍,张善良,2019.授权型领导对员工隐性知识分享的影响机制：内部人身份感知的中介作用与职场友谊的调节作用[J].科技进步与对策,36(7)：123-130.

吴明隆,2010.问卷统计分析实务：SPSS操作与应用[M].重庆：重庆大学出版社.

徐长江,时勘,2005.变革型领导与交易型领导的权变分析[J].心理科学进展,13(5)：672-678.

许惠龙,梁钧平,2007.探析组织内的"圈子"现象[J].中国人力资源开发(12)：36-39.

薛亦伦,张骁,丁雪,等,2016.高政治技能的员工如何规避工作场所排斥?——基于中国文化情境的研究[J].管理世界(7)：98-108.

杨刚,高梦竹,纪谱华,等,2021.挑战性—阻碍性压力源是否导致员工知识隐藏?——情绪耗竭与正念思维的作用[J].软科学,35(9)：68-74+87.

杨阳,2016.差序氛围、组织支持对用水者协会中农户合作意愿的影响研究[D].泰安：山东农业大学.

尹奎,张凯丽,赵景,等,2021,员工授权期望的效应及其理论机制,[J].心理科学进展,29(2):353-364.

尹俊,王辉,黄鸣鹏,2012.授权赋能领导行为对员工内部人身份感知的影响:基于组织的自尊的调节作用[J].心理学报,44(10):1371-1382.

余传鹏,叶宝升,林春培,2021.交易型领导对中小企业管理创新实施的影响研究[J].管理学报,18(3):394-401.

于伟,张鹏,2016.组织差序氛围对员工漠视行为的影响:职场排斥和组织自尊的作用[J].中央财经大学学报(10):122-128.

张海靓,陈同扬,2018.差序式领导研究述评[J].领导科学(5):24-26.

张恒丽,2013.竞争性文化价值模型的本土化适用性研究[D].重庆:重庆交通大学.

张莉,林与川,张林,2013.工作不安全感与情绪耗竭:情绪劳动的中介作用[J].管理科学,26(3):1-8.

张庆红,孙雨晴,李朋波,2018.中国情境下家长式领导风格对团队成员差序氛围感知的影响[J].中国人力资源开发,35(7):69-80.

张少峰,张彪,卜令通,等,2021.不合规任务对员工创新行为的作用机制研究:基于情绪耗竭和道德型领导视角[J].软科学,35(9):88-92+99.

张信勇,冯君萍,2022.基层公务员职业生涯高原对工作—家庭冲突的影响:情绪耗竭的中介作用和心理脱离的调节作用[J].心理研究,15(1):53-60.

赵红丹,江苇,2018.职场中公民行为压力与员工创造力的曲线关系:自我效能感的情境机制[J].财经论丛(2):95-103.

赵豫西,邱萍,2015.酒店员工流失原因分析及对策建议[J].改革与战略(3):167-169.

郑伯埙,2006.差序格局与华人组织行为[J].中国社会心理学评论(2):1-52.

钟熙,付晔,王甜,2019.包容性领导、内部人身份认知与员工知识共享:组织创新氛围的调节作用[J].研究与发展管理,31(3):109-120.

周浩,龙立荣,2004.共同方法偏差的统计检验与控制方法[J].心理科学进展(6):942-950.

朱海腾,2020. 多层次研究的数据聚合适当性检验：文献评价与关键问题试解[J]. 心理科学进展,28(8)：1392 - 1408.

朱梅,汪德根,2019. 旅游业环境责任解构与规制[J]. 旅游学刊,34(4)：77 - 95.

朱瑜,谢斌斌,2018. 差序氛围感知与沉默行为的关系：情感承诺的中介作用与个体传统性的调节作用[J]. 心理学报,50(5)：539 - 548.

Ababneh O M A, 2021. How do green hrm practices affect employees' green behaviors? The role of employee engagement and personality attributes[J]. Journal of Environmental Planning and Management, 64(7)：1204 - 1226.

Afsar B, Badir Y, Kiani U S, 2016. Linking spiritual leadership and employee pro-environmental behavior: the influence of workplace spirituality, intrinsic motivation, and environmental passion [J]. Journal of Environmental Psychology, 45：79 - 88.

Afsar B, Cheema S, Javed F, 2018. Activating employee's pro-environmental behaviors: the role of csr, organizational identification, and environmentally specific servant leadership [J]. Corporate Social-Responsibility and Environmental Management, 25(5)：904 - 911.

Ahmed M, Zehou S, Raza S A, et al, 2020. Impact of csr and environmental triggers on employee green behavior: the mediating effect of employee well-being[J]. Corporate Social-Responsibility and Environmental Management, 27(5)：2225 - 2239.

Aiken L S, West S G, 1991. Multiple regression: Testing and interpreting interactions. California: Sage Publications, Inc.

Alexander K, 2013. Facilities management: theory and practice [M] London: CRC Press.

Alrowwad A, Abualoush S H, Masa'Deh R, 2020. Innovation and intellectual capital as intermediary variables among transformational leadership, transactional leadership, and organizational performance

[J]. The Journal of Management Development, 39(2): 196 – 222.

Alvesson M, Sandberg J, 2011. Generating research questions through problematization[J]. The Academy of Management Review, 36(2): 247 – 271.

Amrutha V N, Geetha S N, 2021. Linking organizational green training and voluntary workplace green behavior: mediating role of green supporting climate and employees' green satisfaction[J]. Journal of Cleaner Production: 290 – 298.

Anasori E, Bayighomog S W, Tanova C, 2020. Workplace bullying, psychological distress, resilience, mindfulness, and emotional exhaustion[J]. The Service Industries Journal, 40(1 – 2): 65 – 89.

Avolio B J, Bass B M, Jung D I, 1999. Re-examining the components of transformational and transactional leadership using the multifactor leadership questionnaire[J]. Journal of Occupational and Organizational Psychology, 72(4): 441 – 462.

Avolio B J, Zhu W, Koh W, et al, 2004. Transformational leadership and organizational commitment: mediating role of psychological empowerment and moderating role of structural distance[J]. Journal of Organizational Behavavior, 25(8): 951 – 968.

Awan N A, Jamil T, Saddique A, 2021. Interactive effects of transactional leadership and work meaningfulness on job performance [J]. International Review Of Management and Business Research, 10(2): 1 – 11.

Azhar A, Yang K, 2021. Examining the influence of transformational leadership and green culture on pro-environmental behaviors: empirical evidence from Florida city governments [J]. Review of Public Personnel Administration, 2021: 734371.

Aziz F, Md Rami A A, Zaremohzzabieh Z, et al, 2021. Effects of emotions and ethics on pro-environmental behavior of university employees: a model based on the theory of planned behavior[J]. Sustainability, 13(13): 7062.

Bakker A B, Demerouti E, Euwema M C, et al, 2005. Job resources buffer the impact of job demands on burnout[J]. Journal of Occupational Health Psychology, 10(2): 170 - 180.

Bass B M, 1985. Leadership and performance beyond expectations[M]. London: Collier Macmillan.

Bass B M, 1999. Two decades of research and development in transformational leadership[J]. European Journal of Work and Organizational Psychology, 8 (1): 9 - 32.

Bass B M, Avolio B J, 1989. Potential biases in leadership measures: how prototypes, leniency, and general satisfaction relate to ratings and rankings of transformational and transactional leadership constructs [J]. Educational and Psychological Measurement, 49(3): 509 - 527.

Baumrind D, 1967. Child care practices anteceding three patterns of preschool behavior[J]. Genet Psychol Monogr, 75(1): 43 - 88.

Baumrind D, 1991. The influence of parenting style on adolescent competence and substance use[J]. The Journal of Early Adolescence, 11(1): 56 - 95.

Bem D J, 1972. Self-perception theory 1[J]. Advances in Experimental Social Psychology (6): 1 - 62.

Bian X, Sun Y, Zuo Z, et al, 2019. Transactional leadership and employee safety behavior: Impact of safety climate and psychological empowerment[J]. Social Behavior and Personality, 47(6): 1 - 9.

Bies R J, 1989. Organizational citizenship behavior: the good soldier syndrome[J]. The Academy of Management review, 44(2): 294 - 297.

Bin B M, Alfayez A, 2021. Transformational leadership and the psychological empowerment of female leaders in Saudi higher education: An empirical study[J]. Higher Education Research and Development: 1 – 16.

Bissing-Olson M J, Iyer A, Fielding K S, et al, 2013. Relationships between daily affect and pro-environmental behavior at work: the moderating role of pro-environmental attitude [ J ]. Journal of Organizational Behavior, 34(2): 156 – 175.

Blau P M, 1964. Exchange and power in social life[M]. New Jersey: Wiley.

Bliese P D, 2000. Within-group agreement, non-independence, and reliability: implications for data aggregation and analysis[M]//Klein K J, Kozlowski S W J, (Eds. ). Multilevel theory, research, and methods in organizations: foundations, extensions, and new directions. San Francisco: Jossey-Bass: 349 – 381.

Boiral O, Paillé P. , 2012. Organizational citizenship behaviour for the environment: measurement and validation[J]. Journal of Business Ethics, 109(4): 431 – 445.

Bono J, Judge T, 2003. Self-concordance at work: toward understanding the motivational effects of transformational leaders[J]. Academy of Management Journal, 46(5): 554 – 571.

Boles J S, Johnston M W, Hair J F. Role stress, work-family conflict and emotional exhaustion: inter-relationships and effects on some work-related consequences[J]. The Journal of Personal Selling & Sales Management, 17(1): 17 – 28.

Braun S, Peus C, Weisweiler S, et al, 2013. Transformational leadership, job satisfaction, and team performance: a multilevel mediation model of trust[J]. The Leadership quarterly, 24(1): 270 – 283.

Brockner J, Higgins E T, 2001. Regulatory focus theory: implications for the study of emotions at work [ J ]. Organizational Behavior and Human Decision Processes, 86(1): 35 – 66.

Brislin R W, 1973. Cross-cultural research methods[M]. New York: J. Wiley.

Burns J M, 1978. Leadership[M]. New York: Harper & Row.

Bycio P, Hackett R D, Allen J S, 1995. Further assessments of bass's (1985) conceptualization of transactional and transformational leadership [J]. Journal of Applied Psychology, 80(4): 468 – 478.

Cameron K S, 1986. Effectiveness as paradox: consensus and conflict in conceptions of organizational effectiveness[J]. Management Science, 32(5): 539 – 553.

Cameron K S, Quinn R E, 1999. Diagnosing and changing organizational culture: based on the competing values framework reading[M]. MA: Addison-Wesley.

Cameron K S, Marc L. 2006. Making the impossible possible: leading extraordinary performance — the Rocky Flats story[M]. San Francisco: Berrett-Koehler.

Cameron K S, Quinn R E, DeGraff J, et al, 2006. Competing values leadership: creating value in organizations[M]. Northampton: Elgar.

Campbell J, 1967. Selected aspects of the interindustry structure of the state of Washington[J]. Economic geography, 50(1): 35 – 46.

Cardador M T, Rupp D E, 2011. Organizational culture, multiple needs, and the meaningfulness of work[M]//Ashkanasy N M, Wilderom C P M, Peterson M F (Eds. ), The handbook of organizational culture and climate, 2nd ed. Thousand Oaks: Sage: 158 – 180.

Carnevale J B, Huang L, Crede M, et al, 2017. Leading to stimulate employees' ideas: a quantitative review of leader-member exchange, employee voice, creativity, and innovative behavior [J]. Applied psychology, 66(4): 517 – 552.

Carter M Z, Armenakis A A, Feild H S, et al, 2013. Transformational leadership, relationship quality, and employee performance during continuous incremental organizational change [J]. Journal of Organizational behavior, 34(7): 942 – 958.

Cha J, Kim Y, Lee J, et al, 2015. Transformational leadership and inter-team collaboration: exploring the mediating role of teamwork quality and moderating role of team size [J]. Group & Organization Management, 40(6): 715 – 743.

Chan E, Hon A, Chan W, et al, 2014. What drives employees' intentions to implement green practices in hotels? The role of knowledge, awareness, concern and ecological behaviour[J]. International Journal of Hospitality Management, 40(1): 20 – 28.

Chan E S W, Hsu C H C, 2016. Environmental management research in hospitality [J]. International journal of contemporary hospitality management, 28(5): 886 – 923.

Chaudhary R, 2020. Green human resource management and employee green behavior: an empirical analysis [J]. Corporate social-responsibility and environmental management, 27(2): 630 – 641.

Chi N, Huang J, 2014. Mechanisms linking transformational leadership and team performance: the mediating roles of team goal orientation and group affective tone[J]. Group & Organization Management, 39(3): 300 – 325.

Chiaburu D, Oh I, Berry C, et al, 2011. The Five-factor model of personality traits and organizational citizenship behaviors: a meta-analysis[J]. Journal of Applied Psychology, 96(6): 1140 – 1166.

Cole M S, Bernerth J B, Walter F, et al, 2010. Organizational justice and individuals' withdrawal: unlocking the influence of emotional exhaustion[J]. Journal of Management Studies, 47(3): 367 – 390.

Conger J A, 1988. Charismatic leadership the elusive factor in organizational effectiveness[M]. San Francisco: Jossey-Bass Publishers.

Cohen A, Keren D. 2010. Does climate matter? an examination of the relationship between organisational climate and OCB among Israeli teachers[J]. The Service industries journal, 30(2): 247 – 263.

Cropanzano R, Rupp D E, Byrne, Z S, 2003. The relationship of emotional exhaustion to work attitudes, job performance, and organizational citizenship behaviors[J]. Journal of Applied Psychology, 88(1): 160 – 169.

Dai Y, Dai Y, Chen K, et al, 2013. Transformational vs transactional leadership: which is better? [J]. International Journal of Contemporary Hospitality Management, 25(5): 760 – 778.

Daouk A, Farmanesh P, Zargar P, 2021. The relationship between transactional leadership and OCB: a conditional analysis of organizational justice perception and psychological contract fulfillment [J]. SAGE Open, 11(4): 2158.

Dartey-Baah K, Addo S A, 2019. Psychological identification with job: a leadership-ocb mediator[J]. International journal of organizational analysis, 27(3): 548 – 565.

David C, 1998. Functional relations among constructs in the same content domain at different levels of analysis: a typology of composition models[J]. Journal of Applied Psychology, 83(2): 234 – 246.

Deci E L, Connell J P, Ryan R M, 1989. Self-Determination in a Work Organization[J]. Journal of applied psychology, 74(4): 580 – 590.

De Roeck K, Farooq O, Schaveling J, et al, 2017. Corporate social responsibility and ethical leadership: investigating their interactive effect on employees' socially responsible behaviors[J]. Journal of Business Ethics, 151(4): 923 – 939.

Deci E, Ryan R, 1985. Intrinsic motivation and self-determination in human behavior(Perspectives in social psychology) [M]. New York: Plenum.

Delegach M, Kark R, Katz-Navon T, et al., 2017. A focus on

commitment: the roles of transformational and transactional leadership and self-regulatory focus in fostering organizational and safety commitment[J]. European Journal of Work and Organizational Psychology, 26(5): 724 – 740.

Denison D R, Spreitzer G M, 1991. Organizational culture and organizational development: a competing values approach[J]. Research in Organizational Change and Development, 5: 1 – 21.

Ding C, Shen C, 2017. Perceived organizational support, participation in decision making, and perceived insider status for contract workers[J]. Management Decision, 55(2): 413 – 426.

Dolnicar S, Knezevic Cvelbar L, Grün B, 2019. A Sharing-Based Approach to Enticing Tourists to Behave More Environmentally Friendly[J]. Journal of Travel Research, 58(2): 241 – 252.

Dumont J, Shen J, Deng X, 2017. Effects of green hrm practices on employee workplace green behavior: the role of psychological green climate and employee green values: effect of green hrm on employee workplace green behavior[J]. Human Resource Management, 56(4): 613 – 627.

Dust S, Resick C, Mawritz M, 2014. Transformational leadership, psychological empowerment, and the moderating role of mechanistic-organic contexts[J]. Journal of Organizational Behavior, 35(3): 413 – 433.

Dyne L V, Ang S, Botero I C, 2003. Conceptualizing employee silence and employee voice as multidimensional constructs [ J ]. Journal of Management Studies, 40(6): 1359 – 1392.

Eagly A H, Johannesen Schmidt, M C, 2010. The leadership styles of women and men[J]. Journal of Social Issues, 57(4): 781 – 797.

Edwards J R, Lambert L S, 2007. Methods for integrating moderation and mediation: A general analytical framework using moderated path analysis[J]. Psychological Methods, 12(1): 1 - 22.

Eisenbeiss S A, van Knippenberg D, Boerner S, 2008. Transformational leadership and team innovation: integrating team climate principles [J]. Journal of Applied Psychology, 93(6): 1438 - 1446.

Ehrhart M, Schneider B, Macey W, 2014. Organizational climate and culture: an introduction to theory, research, and practice [M]. New York: Routledge.

Fang J, Wen Z, Hau K, 2019. Mediation effects in 2 - 1 - 1 multilevel model: evaluation of alternative estimation methods[J]. Structural Equation Modeling-a Multidisciplinary Journal, 26(4): 591 - 606.

Fatoki O, 2019. Hotel employees' pro-environmental behaviour: effect of leadership behaviour, institutional support and workplace spirituality [J]. Sustainability, 11(15): 4135.

Förster J, Higgins E, Bianco A, 2003. Speed/accuracy decisions in task performance: built-in trade-off or separate strategic concerns? [J]. Organizational Behavior and Human Decision Processes, 90(1): 148 - 164.

Förster J, Higgins E T, 2005. How global versus local perception fits regulatory focus[J]. Psychological science, 16(8): 631 - 636.

Frazier M, Fainshmidt S, 2012. Voice climate, work outcomes, and the mediating role of psychological empowerment [J]. Group & Organization Management, 37(6): 691 - 715.

Freudenberger H J, 1974. Staff burnout[J]. Journal of Social Issues, 30(1): 159 - 165.

Gainer B, Padanyi P, 2005. The relationship between market-oriented activities and market-oriented culture: implications for the development of market orientation in nonprofit service organizations [J]. Journal of Business Research, 58(6): 854 - 862.

Gorman C A, Meriac J P, Overstreet B L, et al, 2012. A meta-analysis of the regulatory focus nomological network: work-related antecedents and consequences [J]. Journal of Vocational Behavior, 80 (1): 160 – 172.

Graves L M, Sarkis J, Gold N, 2019. Employee proenvironmental behavior in russia: the roles of top management commitment, managerial leadership, and employee motives [J]. Resources, Conservation and Recycling, 140: 54 – 64.

Graves L M, Sarkis J, Zhu Q, 2013. How transformational leadership and employee motivation combine to predict employee proenvironmental behaviors in China[J]. Journal of Environmental Psychology, 35: 81 – 91.

Green A E, Miller E A, Aarons G A, 2013. Transformational leadership moderates the relationship between emotional exhaustion and turnover intention among community mental health providers[J]. Community Mental Health Journal, 49(4): 373 – 379.

Gumusluoğlu L, Ilsev A, 2009. Transformational leadership and organizational innovation: the roles of internal and external support for innovation[J]. The Journal of product innovation management, 26(3): 264 – 277.

Hackett R D, Wang A C, Chen Z, et al 2018. Transformational leadership and organisational citizenship behaviour: a moderated mediation model of leader-member-exchange and subordinates' gender [J]. Applied psychology, 67(4): 617 – 644.

Hair J F, Hult G T, Ringle C M, 2022. A primer on partial least squares structural equation modeling (PLS-SEM)[M]. Los Angeles: SAGE Publications.

Hamstra M R W, van Yperen N W, Wisse B, et al, 2014. On the perceived effectiveness of transformational-transactional leadership: the role of encouraged strategies and followers' regulatory focus:

leadership, strategies, and regulatory focus[J]. European Journal of Social Psychology, 44(6): 643 - 656.

Han J H, Liao H, Taylor M S, et al, 2018. Effects of high-performance work systems on transformational leadership and team performance: investigating the moderating roles of organizational orientations[J]. Human Resource Management, 57(5): 1065 - 1082.

Harris T B, Li N, Kirkman B L, 2014. Leader-member exchange (LMX) in context: How LMX differentiation and LMX relational separation attenuate LMX's influence on OCB and turnover intention[J]. The Leadership quarterly, 25(2): 314 - 328.

Hart S L, Dowell G, 2011. A natural-resource-based view of the firm: fifteen years after[J]. Journal of Management, 37(5): 1464.

Hartnell C A, Ou A Y, Kinicki A, 2011. "Organizational culture and organizational effectiveness: A meta-analytic investigation of the competing values framework's theoretical suppositions": correction to Hartnell, Ou, and Kinicki [J]. Journal of Applied Psychology, 96(4): 694.

Hater J J, Bass B M, 1988. Superiors' evaluations and subordinates' perceptions of transformational and transactional leadership [J]. Journal of Applied Psychology, 73(4): 695 - 702.

Hayes A F, 2015. An Index and test of linear moderated mediation[J]. Multivariate Behavioral Research, 50(1): 1 - 22.

He J, Morrison A M, Zhang H, 2021. Being sustainable: the three-way interactive effects of csr, green human resource management, and responsible leadership on employee green behavior and task performance[J]. Corporate Social-Responsibility and Environmental Management, 28(3): 1043 - 1054.

Hendrix W H, Robbins T, Miller J, et al, 1998. Effects of procedural and distributive justice on factors predictive of turnover[J]. Journal of

Social Behavior and Personality, 13(4): 611.

Herzenstein M, 2016. Adoption of new and really new products the effects of self-regulation systems and risk salience [D]. New York: University of Rocheste.

Higgins E T, 1997. Beyond pleasure and pain [J]. The American Psychologist, 52(12): 1280 – 1300.

Higgins E T, Friedman R S, Harlow R E, et al, 2001. Achievement orientations from subjective histories of success: promotion pride versus prevention pride[J]. European Journal of Social Psychology, 31(1): 3 – 23.

Hobfoll S E, 1989. Conservation of resources: a new attempt at conceptualizing stress[J]. American Psychologist, 44(3): 513.

Hofmann D A, Morgeson F P, Gerras S J, 2003. Climate as a moderator of the relationship between leader-member exchange and content specific citizenship: safety climate as an exemplar[J]. The Journal of Applied Psychology, 88(1): 170 – 178.

Hofstede G H, 1998. Masculinity and femininity: the taboo dimension of national cultures[M]. Thousand Oaks, Calif. : Sage Publications.

Hofstede G, Neuijen B, Ohayv D D, et al, 1990. Measuring organizational cultures: a qualitative and quantitative study across twenty cases[J]. Administrative Science Quarterly, 35(2): 286 – 316.

Homans G C, 1958. Social behavior as exchange[J]. American Journal of Sociology, 63(6): 597 – 606.

House R J, 1977. A 1976 theory of charismatic leadership[C]//Hunt J G, Larson L L, (Eds. ), Leadership: the cutting edge. Carbondale, IL: Southern Illinois University.

Howell J M, Avolio B J, Schmitt N, 1993. Transformational leadership, transactional leadership, locus of control, and support for innovation: key predictors of consolidated-business-unit performance[J]. Journal of Applied Psychology，78(6)：891–902.

Huang T Y，Lin C，2021. Is paternalistic leadership a double-edged sword for team performance? The mediation of team identification and emotional exhaustion[J]. Journal of Leadership & Organizational Studies，28(2)：207–220.

Hughes L W，Avey J B，Nixon D R，2010. Relationships between leadership and followers' quitting intentions and job search behaviors [J]. Journal of Leadership & Organizational Studies，17(4)：351–362.

Hui C，Lee C，Wang H，2015. Organizational inducements and employee citizenship behavior：the mediating role of perceived insider status and the moderating role of collectivism [J]. Human Resource Management，54(3)：439–456.

Idson L C，Liberman N，Higgins E T，2004. Imagining how you'd feel：the role of motivational experiences from regulatory fit[J]. Pers Soc Psychol Bull，30(7)：926–937.

Jackson S E，Brett J F，Sessa V I，et al，1991. Some differences make a difference：individual dissimilarity and group heterogeneity as correlates of recruitment，promotions，and turnover[J]. Journal of Applied Psychology，76(5)：675–689.

Jaleh F，Farashah Ali，D，Mehdi K，2014. The impact of person-job fit an person-organization fit on OCB[J]. Personnel Review，43(5)：672–691.

Jiang L，Bohle S L，Roche M，2018. Contingent reward transactional leaders as "good parents"：examining the mediation role of attachment insecurity and the moderation role of meaningful work[J]. Journal of Business and Psychology，34(4)：519–537.

Jiang W，Zhao X，Ni J，2017. The impact of transformational leadership on employee sustainable performance：the mediating role of organizational citizenship behavior[J]. Sustainability, 9(9): 1567.

Kang H, Cain L, Busser J, 2021. The impact of living a calling on job outcomes[J]. International Journal of Hospitality Management, 95: 102916.

Kark R, Katz-Navon T, Delegach M, 2015. The dual effects of leading for safety: the mediating role of employee regulatory focus[J]. Journal of Applied Psychology, 100(5): 1332 – 1348.

Kark R, Shamir B, Chen G, 2003. The two faces of transformational leadership: empowerment and dependency [J]. Joural of Applied Psychology, 88(2): 246 – 255.

Kark R, van Dijk D, Vashdi D R. Motivated or demotivated to be creative: the role of self-regulatory focus in transformational and transactional leadership processes[J]. Applied Psychology, 67(1): 186 – 224.

Khalili A, 2016. Linking transformational leadership, creativity, innovation, and innovation-supportive climate[J]. Management Decision, 54(9): 2277 – 2293.

Khalili A, 2017. Transformational leadership and organizational citizenship behavior: the moderating role of emotional intelligence[J]. Leadership & Organization Development Journal, 38(7): 1004 – 1015.

Kline R B, 2016. Principles and practice of structural equation modeling [M]. New York: Guilford Publications.

Kidwell R E, 1997. Cohesiveness and organizational citizenship behavior: a multilevel analysis using work groups and individuals[J]. Journal of Management, 23(6): 775 – 793.

Kim A, Kim Y, Han K, et al, 2017. Multilevel influences on voluntary workplace green behavior: individual differences, leader behavior, and coworker advocacy[J]. Journal of Management, 43(5): 1335 – 1358.

Kim A, Kim Y, Han K, et al, 2018. A cross level investigation on the linkage between job satisfaction and voluntary workplace green behavior[J]. Journal of Business Ethics, 159(4): 1199 – 1214.

Kim M, 2017. Effects of team diversity, transformational leadership, and perceived organizational support on team-learning behavior[J]. Social Behavior and Personality, 45(8): 1255 – 1269.

Kim W G, Mcginley S, Choi H, et al, 2020. Hotels' environmental leadership and employees' organizational citizenship behavior [J]. International Journal of Hospitality Management, 87: 102375.

Koopman J, Lanaj K, Scott B A, 2016. Integrating the bright and dark sides of ocb: a daily investigation of the benefits and costs of helping others[J]. Academy of Management Journal, 59(2): 414 – 435.

Kura K M, 2016. Linking environmentally specific transformational leadership and environmental concern to green behaviour at work[J]. Global Business Review, 17(3): 1S – 14S.

Lai C, Hsu J S, Li Y, 2018. Leadership, regulatory focus and information systems development project team performance [J]. International Journal of Project Management, 36(3): 566 – 582.

Leiter M P, Maslach C, 1988. The impact of interpersonal environment on burnout and organizational commitment[J]. Journal of Organizational Behavior, 9(4): 297 – 308.

Leithwood K A, 1992. The move toward transformational leadership[J]. Educational Leadership, 49(5): 8 – 12.

Lewin K, Lippitt R, White R K, 1939. Patterns of aggressive behavior in experimentally created "social climates"[J]. The Journal of Social Psychology, 10(2): 269 – 299.

Li N, Chiaburu D, Kirkman B, 2017. Cross-level influences of empowering leadership on citizenship behavior [J]. Journal of Management, 43(4): 1076 – 1102.

Liao Z, 2018. Corporate culture, environmental innovation and financial performance[J]. Business Strategy and the Environment, 27 (8):

1368 – 1375.

Liberman N, Chen Idson L, Camacho C J, et al, 1999. Promotion and prevention choices between stability and change [J]. Journal of Personality and Social Psychology, 77(6): 1135 – 1145.

Lippitt R, 1940. An experimental study of the effect of democratic and authoritarian group atmospheres[J]. Child Welfare, 16(3): 43 – 195.

Long C, Li Z, Ning Z, 2015. Exploring the nonlinear relationship between challenge stressors and employee voice: the effects of leader-member exchange and organisation-based self-esteem [J]. Personality and Individual Differences, 83: 24 – 30.

Ma E, Zhang Y, Xu F Z, et al, 2021. Feeling empowered and doing good? a psychological mechanism of empowerment, self-esteem, perceived trust, and OCBs[J]. Tourism Management, 87: 104356.

MacKinnon D P, 2008. Introduction to statistical mediation analysis[M]. Mahwah: Erlbaum: 175 – 176.

Malik M S, Sattar S, 2019. Effects of despotic leadership and sexual harassment on emotional exhaustion of employees in health sector of pakistan: moderating role of organizational cynicism[J]. Review of Economics and Development Studies, 5(2): 269 – 280.

Marinova S V, Cao X, Park H, 2019. Constructive organizational values climate and organizational citizenship behaviors: a configurational view [J]. Journal of Management, 45(5): 2045 – 2071.

Marshall R S, Cordano M, Silverman M, 2005. Exploring individual and institutional drivers of proactive environmentalism in the us wine industry[J]. Business Strategy and the Environment, 14(2): 92 – 109.

Masa'Deh R, Tarhini A, Obeidat B Y, 2016. A jordanian empirical study of the associations among transformational leadership, transactional leadership, knowledge sharing, job performance, and firm performance:

a structural equation modelling approach [J]. The Journal of Management Development, 35(5): 681 - 705.

Maslach C, Susan E J, 1981. The measurement of experienced burnout: summary[J]. Journal of Occupational Behaviour, 2(2): 99.

Martin J, 1992. Cultures in organizations: three perspectives[M]. New York: Oxford University Press.

Narver J, Slater S, 1990. The effect of a market orientation on business profitability[J]. Journal of Marketing, 54(4): 20.

Mayer D, Nishii L, Schneider B, et al, 2007. The precursors and products of justice climates: group leader antecedents and employee attitudinal consequences[J]. Personnel Psychology, 60(4): 929 - 963.

McAllister D J, Kamdar D, Morrison E W, et al, 2007. Disentangling role perceptions: how perceived role breadth, discretion, instrumentality, and efficacy relate to helping and taking charge[J]. Journal of Applied Psychology, 92(5): 1200 - 1211.

Mcmurray A J, Pirola-Merlo A, Sarros J C, et al, 2010. Leadership, climate, psychological capital, commitment, and wellbeing in a non-profit organization [J]. Leadership & Organization Development Journal, 31(5): 436 - 457.

Morrison E W, Wheeler-Smith S L, Kamdar D, 2011. Speaking up in groups: a cross-level study of group voice climate and voice[J]. Journal of Applied Psychology, 96(1): 183 - 191.

Nahum-Shani I, Somech A, 2011. Leadership, OCB and individual differences: idiocentrism and allocentrism as moderators of the relationship between transformational and transactional leadership and OCB[J]. The Leadership Quarterly, 22(2): 353 - 366.

Neubert M J, Kacmar K M, Carlson D S, et al, 2008. Regulatory focus as a mediator of the influence of initiating structure and servant leadership on employee behavior[J]. Journal of Applied Psychology,

93(6): 1220 - 1233.

Neubert M J, Wu C, Roberts J A, 2013. The influence of ethical leadership and regulatory focus on employee outcomes[J]. Business Ethics Quarterly, 23(2): 269 - 296.

Newman A, Schwarz G, Cooper B, et al, 2017. How servant leadership influences organizational citizenship behavior: the roles of LMX, empowerment, and proactive personality[J]. Journal of Business Ethics, 145(1): 49 - 62.

Nielsen M B, Mearn K, Matthiesen S B, et al, 2011. Using the Job Demands-Resources model to investigate risk perception, safety climate and job satisfaction in safety critical organizations[J]. Scand J Psychol, 52(5): 465 - 475.

Nunnally J C, 1967. Psychometric theory[M]. New York: McGraw-Hill.

Okumus F, Köseoglu M A, Chan E, Hon A, et al, 2019. How do hotel employees' environmental attitudes and intentions to implement green practices relate to their ecological behavior? [J]. Journal of hospitality and tourism management, 39: 193 - 200.

Ones D S, Dilchert S, 2012. Environmental sustainability at work: a call to action[J]. Industrial & Organizational Psychology, 5(4): 444 - 466.

Paillé P, Boiral O, Chen Y, 2013. Linking environmental management practices and organizational citizenship behaviour for the environment: a social exchange perspective[J]. International Journal of Human Resource Management, 24(18): 3552 - 3575.

Pawar B S, Eastman K K, 1997. The nature and implications of contextual influences on transformational leadership: a conceptual examination [J]. The Academy of Management review, 22(1): 80 - 109.

Pearce J, Randel A, 2004. Expectations of organizational mobility, workplace social inclusion, and employee job performance[J]. Journal of Organizational Behavior, 25(1): 81 – 98.

Peng X, Lee S, 2019. Self-discipline or self-interest? The antecedents of hotel employees' pro-environmental behaviours [J]. Journal of sustainable tourism, 27(9): 1457 – 1476.

Peng X, Lee S, Lu Z, 2020. Employees' perceived job performance, organizational identification, and pro-environmental behaviors in the hotel industry[J]. International Journal of Hospitality Management, 90: 102632.

Piccolo R F, Colquitt J A, 2006. Transformational leadership and job behaviors: the mediating role of core job characteristics[J]. Academy of Management Journal, 49(2): 327 – 340.

Podsakoff P, MacKenzie S, Lee J, et al, 2003. Common method biases in behavioral research[J]. Journal of Applied Psychology, 88(5): 879 – 903.

Podsakoff P M, Mackenzie S B, Moorman R H, et al, 1990. Transformational leader behaviors and their effects on followers' trust in leader, satisfaction, and organizational citizenship behaviors[J]. Leadership Quarterly, 1(2): 107 – 142.

Podsakoff N P, Podsakoff P M, Mackenzie S B, et al, 2014. Consequences of unit-level organizational citizenship behaviors: A review and recommendations for future research[J]. Journal of Organizational Behavior, 35(1): S87 – S119.

Pradhan R K, Panda M, Jena L K, 2017. Transformational leadership and psychological empowerment: the mediating effect of organizational culture in Indian retail industry[J]. Journal of Enterprise Information Management, 30(1): 82 – 95.

Prasad B, Junni P, 2016. CEO transformational and transactional leadership and organizational innovation: the moderating role of environmental dynamism[J]. Management Decision, 54(7): 1542 –

1568.

Preacher K J, Zyphur M J, Zhang Z. A general multilevel SEM framework for assessing multilevel mediation[J], Psychological Methods, 2010, 15(3): 209 – 233.

Pyman A, Holland P, Teicher J, et al, 2010. Industrial Relations climate, employee voice and managerial attitudes to unions: an australian study [J]. British Journal of Industrial Relations, 48(2): 460 – 480.

Quattrochi-Tubin S J, Jones J W, Breedlove V, 1982. The burnout syndrome in geriatric counselors and service workers[J]. Activities Adaptation & Aging, 3(1): 65 – 76.

Quinn R E, Cameron K S, 1988. Paradox and transformation: toward a theory of change in organization and management[M]. Cambridge: Ballinger.

Quinn R E, Kimberly J R, 1984. Paradox, planning, and perseverance: guidelines for managerial practice[M]//Kimberly J R, Quinn R E, (Eds.), Managing Organizational Transitions. Homewood: Dow Jones-Irwin: 295 – 313.

Quinn R E, Rohrbaugh J, 1983. A spatial model of effectiveness criteria: towards a competing values approach to organizational analysis[J]. Management Science, 29(3): 363 – 377.

Ramus C A, Montiel I, 2005. When are corporate environmental policies a form of greenwashing? [J]. Business & Society, 44(4): 377 – 414.

Restubog S, Zagenczyk T, Bordia P, et al, 2015. If you wrong us, shall we not revenge? moderating roles of self-control and perceived aggressive work culture in predicting responses to psychological contract breach[J]. Journal of Management, 41(4): 1132 – 1154.

Rezapouraghdam H, Alipour H, Darvishmotevali M, 2018. Employee workplace spirituality and pro-environmental behavior in the hotel industry[J]. Journal of Sustainable Tourism, 26(5): 740 – 758.

Robertson J L, Barling, J, 2013. Greening organizations through leaders' influence on employees' pro-environmental behaviors: green leadership and employees' behaviors[J]. Journal of Organizational Behavior, 34(2): 176 - 194.

Robertson J L, Barling J, 2017. Toward a new measure of organizational environmental citizenship behavior[J]. Journal of Business Research, 75: 57 - 66.

Roberson Q M, Colquitt J A, 2005. Shared and configural justice: a social network model of justice in teams[J]. The Academy of Management Review, 30(3): 595 - 607.

Russell S V, Ashkanasy N M, 2010. Getting to the heart of climate change: three studies of the effectiveness of emotionally framed messages to encourage workplace proenvironmental behavior [R]. Proceedings 24th Annual Australian and New Zealand Academy Of Management Conference: Managing for Unknowable Futures.

Rousseau D M, 1990. Normative beliefs in fund-raising organizations: linking culture to organizational performance and individual responses [J]. Group & Organization Management, 15(4): 448 - 460.

Rowold J, 2006. Transformational and Transactional leadership in martial arts[J]. Journal of Applied Sport Psychology, 18(4): 312 - 325.

Sabokro M, Masud M M, Kayedian A, 2021. The effect of green human resources management on corporate social responsibility, green psychological climate and employees' green behavior[J]. Journal of Cleaner Production, 313: 127963.

Salamon S, Deutsch Y, 2006. OCB as a handicap: an evolutionary psychological perspective [J]. Journal of Organizational Behavior, 27(2): 185 - 199.

Salancik G R, Pfeffer J, 1978. A social information processing approach to job attitudes and task design[J]. Adm Sci Q, 23(2): 224 - 253.

Schein E, 1984. Coming to a new awareness of organizational culture[J]. Sloan Management Review, 25(2): 3 – 14.

Schein E H, 1996. Culture: the missing concept in organization studies [J]. Administrative Science Quarterly, 41(2): 229 – 240.

Schneider B, Ehrhart M G, Macey W H, 2013. Organizational climate and culture[J]. Annu Rev Psychol, 64(1): 361 – 388.

Schulte M, Ostroff C, Kinicki A J, 2006. Organizational climate systems and psychological climate perceptions: a cross-level study of climate-satisfaction relationships[J]. Journal of Occupational and Organizational Psychology, 79(4): 645 – 671.

Seibert S E, Wang G, Courtright S H, 2011. Antecedents and consequences of psychological and team empowerment in organizations: a meta-analytic review[J]. Journal of Applied Psychology, 96(5): 981 – 1003.

Seltzer J, Numerof R E, Bass B M, 1989. Transformational leadership: is it a source of more burnout and stress? [J]. Journal of Health and Human Resources Administration, 12(2): 174 – 185.

Sergiovanni T J, 1992. Reflections on administrative theory and practice in schools[J]. Educational Administration Quarterly, 28(3): 304 – 313.

Shamir B, 1991. Meaning, self and motivation in organizations [J]. Organization Studies, 12(3): 405 – 424.

Shamir B, House R J, Arthur M B, 1993. The motivational effects of charismatic leadership: a self-concept based theory[J]. Organization Science, 4(4): 577 – 594.

Simeoni F, Brunetti F, Mion G, et al, 2020. Ambidextrous organizations for sustainable development: the case of fair-trade systems [J]. Journal of Business Research, 112: 549 – 560.

Sosik J J, Megerian L E, 2016. Understanding leader emotional intelligence and performance the role of self-other agreement on transformational leadership perceptions[J]. Group & Organization Management, 24(3): 367 – 390.

Spreitzer G M, 1995. Psychological empowerment in the workplace: dimensions, measurement, and validation[J]. Academy of Management Journal, 38(5): 1442 – 1465.

Stamper C, Masterson S, 2002. Insider or outsider? how employee perceptions of insider status affect their work behavior[J]. Journal of Organizational Behavior, 23(8): 875 – 894.

Stordeur S, D'Hoore, W, Vandenberghe C, 2001. Leadership, organizational stress, and emotional exhaustion among hospital nursing staff[J]. Journal of Advanced Nursing, 35(4): 533 – 542.

Su L, Swanson S R, 2019. Perceived corporate social responsibility's impact on the well-being and supportive green behaviors of hotel employees: the mediating role of the employee-corporate relationship [J]. Tourism Management, 72(6): 437 – 450.

Suliman A, AI Obaidli H, 2013. Leadership and organizational citizenship behavior (ocb) in the financial service sector[J]. Asia-Pacific Journal of Business Administration, 5(2): 115 – 134.

Temminck E, Mearns K, Fruhen, L, 2015. Motivating employees towards sustainable behaviour [J]. Business Strategy and the Environment, 24(6): 402 – 412.

Teng C C, Lu A C C, Huang Z Y, et al, 2020. Ethical work climate, organizational identification, leader-member-exchange (LMX) and organizational citizenship behavior (OCB): a study of three star hotels in Taiwan[J]. International Journal Of Contemporary Hospitality Management, 32(1): 212 – 229.

Tian Q, Robertson J L, b2017. How and when does perceived csr affect employees' engagement in voluntary pro-environmental behavior? [J]. Journal of Business Ethics, 155(2): 399 – 412.

Tice D M, Bratslavsky E, 2000. Giving in to feel good: the place of emotion regulation in the context of general self-control [J]. Psychological Inquiry, 11(3): 149 – 159.

Tourigny L, Baba V, Han J, et al, 2013. Emotional exhaustion and job performance: the mediating role of organizational commitment[J]. International Journal of Human Resource Management, 24(3): 514 – 532.

Tsang K, Du Y, Teng Y, 2022. Transformational leadership, teacher burnout, and psychological empowerment: a mediation analysis[J]. Social Behavior and Personality, 50(1): 1 – 11.

Tung F C, 2016. Does transformational, ambidextrous, transactional leadership promote employee creativity? Mediating effects of empowerment and promotion focus [J]. International Journal Of Manpower, 37(8): 1250 – 1263.

Unsworth K L, Dmitrieva A, Adriasola E, 2013. Changing behaviour: increasing the effectiveness of workplace interventions in creating pro-environmental behaviour change [J]. Journal of Organizational Behavior, 34(2): 211 – 229.

Vecchio R P, Justin J E, Pearce C L, 2008. The utility of transactional and transformational leadership for predicting performance and satisfaction within a path-goal theory framework[J]. Journal of Occupational and Organizational Psychology, 81(1): 71 – 82.

Vroom V H, 1964. Work and motivation[M]. New York: Wiley.

Waldman D A, Bass B M, Yammarino F J, 1990. Adding to contingent-reward behavior: the augmenting effect of charismatic leadership[J]. Group & Organization Management, 15(4): 381 – 394.

Wallace C, Chen G, 2006. A multilevel integration of personality, climate, self-regulation, and performance[J]. Personnel Psychology, 59(3): 529 – 557.

Walumbwa F O, Hartnell C A, 2011. Understanding transformational leadership-employee performance links: the role of relational identification and self-efficacy [J]. Journal of Occupational and Organizational Psychology, 84(1): 153 – 172.

Walumbwa F O, Wu C, Orwa B, 2008. Contingent reward transactional leadership, work attitudes, and organizational citizenship behavior: the role of procedural justice climate perceptions and strength[J]. The Leadership Quarterly, 19(3): 251 – 265.

Wang J, Kim T, 2013. Proactive socialization behavior in China: the mediating role of perceived insider status and the moderating role of supervisors' traditionality [J]. Journal of Organizational Behavior, 34(3): 389 – 406.

Wang S, Wang J, Ru X, et al, 2019. Understanding employee's electricity conservation behavior in workplace: do normative, emotional and habitual factors matter? [J]. Journal of Cleaner Production, 215: 1070 – 1077.

Wang X, Zhou K, Liu W, 2018. Value congruence: a study of green transformational leadership and employee green behavior [J]. Frontiers in Psychology: 9 – 20.

Weiss M, Hoegl M, Gibbert M, 2011. Making virtue of necessity: the role of team climate for innovation in resource-constrained innovation projects[J]. J Prod Innov Manag, 28(1): 196 – 207.

Woehr D J, Loignon A C, Schmidt P B. Justifying aggregation with consensus-based constructs[J]. Organizational Research Methods, 2015, 18(4): 704 – 737.

Wofford J C, Goodwin V L, Whittington J L, 1998. A field study of a cognitive approach to understanding transformational and transactional leadership[J]. Leadership Quarterly, 9(1): 55 – 84.

Wolpin J, Burke R J, Greenglass E R, 1991. Is job satisfaction an antecedent or a consequence of psychological burnout? [J]. Human Relations, 44(2): 193 – 209.

Wood B P, Eid R, Agag G, 2021. A multilevel investigation of the link between ethical leadership behaviour and employees green behaviour in the hospitality industry [J]. International Journal of Hospitality Management (97): 102993.

Wright B E, Moynihan D P, Pandey S K, 2012. Pulling the levers: transformational leadership, public service motivation, and mission valence[J]. Public Administration Review, 72(2): 206 – 215.

Wright T A, Cropanzano R, 1998. Emotional exhaustion as a predictor of job performance and voluntary turnover [J]. Journal of Applied Psychology, 83(3): 486 – 493.

Wu C, Mcmullen J S, Neubert M J, et al, 2008. The influence of leader regulatory focus on employee creativity [J]. Journal of Business Venturing, 23(5): 587 – 602.

Xiang L, Yang Y, 2020. Factors influencing green organizational citizenship behavior[J]. Social Behavior and Personality, 48(9): 1 – 12.

Xing Y, Starik M, 2017. Taoist leadership and employee green behaviour: a cultural and philosophical microfoundation of sustainability [J]. Journal of Organizational Behavior, 38(9): 1302 – 1319.

Yang X, 2019. The impact of responsible leadership on employee green behavior: mediating effect of moral reflectiveness and moderating effect of empathy[J]. Materials Science and Engineering, 677(5): 52054.

Yıldız I G, _imşek Ö F, 2016. Different pathways from transformational leadership to job satisfaction: the competing mediator roles of trust and self-efficacy[J]. Nonprofit Management & Leadership, 27(1): 59 – 77.

Ying M, Faraz N A, Ahmed F, et al, 2020. How does servant leadership foster employees' voluntary green behavior? A sequential mediation model[J]. Int J Environ Res Public Health, 17(5): 1792.

Young H R, Glerum D R, Joseph D L, et al, 2021. A meta-analysis of transactional leadership and follower performance: double-edged effects of lmx and empowerment[J]. Journal of Management, 47(5): 1255 – 1280.

Yuan Y, Mackinnon D P, 2009. Bayesian mediation analysis [J]. Psychological Methods, 14(4): 301.

Zacher H, Jimmieson N L, 2017. Leader-follower interactions: relations with OCB and sales productivity[J]. Journal of Managerial Psychology, 28(1): 92 – 106.

Zeb A, Akbar F, Hussain K, et al, 2021. The competing value framework model of organizational culture, innovation and performance [J]. Business Process Management Journal, 27(2): 658 – 683.

Zhang D, Zhang F, Liu S, et al, 2019. Impact of referral reward program on innovative customers' follow-up e-referral [J]. Information Technology & People (West Linn, Or.), 32(3): 559 – 578.

Zhang J, Ul-Durar S, Akhtar M N, et al, 2021. How does responsible leadership affect employees' voluntary workplace green behaviors? A multilevel dual process model of voluntary workplace green behaviors [J]. Journal of Environmental Management (296): 113205.

Zhang X, Li N, Ullrich J, van Dick D, 2015. Getting everyone on board: the effect of differentiated transformational leadership by ceos on top management team effectiveness and leader-rated firm performance[J]. Journal of Management, 41(7): 1898 – 1933.

Zhao H, Zhou Q, 2021. Socially responsible human resource management and hotel employee organizational citizenship behavior for the environment: a social cognitive perspective[J]. International Journal of Hospitality Management(95): 102749.

Zientara P, Zamojska A, 2018. Green organizational climates and employee pro-environmental behaviour in the hotel industry [J]. Journal of Sustainable Tourism, 26(7): 1142 – 1159.

Zohar D, Luria G, 2005. A multilevel model of safety climate: cross-level relationships between organization and group-level climates [J]. Journal of Applied Psychology, 90(4): 616 – 628.

# 索　引